UNIVERSITÉ DE PARIS. — FACULTÉ DE DROIT

DES CONFLITS DE LOIS RELATIFS AUX SUCCESSIONS AB INTESTAT ET TESTAMENTAIRES

THÈSE POUR LE DOCTORAT

Présentée et soutenue le jeudi 15 juin 1899 à 10 heures

PAR

Pierre-Eugène JOUSSELIN

AVOCAT A LA COUR D'APPEL
LAURÉAT DE LA FACULTÉ DE DROIT
(Premier prix de droit civil; seconde mention de droit administratif 1895.
Second prix de droit commercial 1896)

PARIS
LIBRAIRIE NOUVELLE DE DROIT ET DE JURISPRUDENCE
ARTHUR ROUSSEAU
ÉDITEUR
14, RUE SOUFFLOT ET RUE TOULLIER, 13

1899

THÈSE

POUR LE DOCTORAT

La Faculté n'entend donner aucune approbation ni improbation aux opinions émises dans les thèses ; ces opinions doivent être considérées comme propres à leurs auteurs.

UNIVERSITÉ DE PARIS. — FACULTÉ DE DROIT

DES CONFLITS DE LOIS
RELATIFS AUX
SUCCESSIONS AB INTESTAT
ET
TESTAMENTAIRES

THÈSE POUR LE DOCTORAT

L'ACTE PUBLIC SUR LES MATIÈRES CI-APRÈS
Sera soutenu le Jeudi 15 Juin 1899 à 10 heures

PAR

Pierre-Eugène JOUSSELIN

AVOCAT A LA COUR D'APPEL
LAURÉAT DE LA FACULTÉ DE DROIT
(Premier prix de droit civil; seconde mention de droit administratif 1895.
Second prix de droit commercial 1896)

Président : M. WEISS

Suffragants { MM. CHAVEGRIN, *professeur*
SOUCHON, *agrégé*

PARIS
LIBRAIRIE NOUVELLE DE DROIT ET DE JURISPRUDENCE
ARTHUR ROUSSEAU
ÉDITEUR
14, RUE SOUFFLOT ET RUE TOULLIER, 13

1899

DES

CONFLITS DE LOIS

RELATIFS AUX SUCCESSIONS

AB INTESTAT ET TESTAMENTAIRES

INTRODUCTION

Une même succession peut dépendre à la fois de plusieurs lois différentes : ainsi, une personne décède hors de sa patrie et laisse des biens situés dans divers Etats ; la loi nationale du défunt, la loi de son domicile, les lois des divers Etats où sont situés les biens héréditaires ne peuvent évidemment pas s'appliquer simultanément. A quelle loi devra t-on donner la suprématie ? Comment, en un mot, résoudra-t-on le conflit de lois relatif à la succession ? Telle est la question générale que nous nous proposons d'étudier.

Nous n'avons pas la témérité de vouloir examiner dans son ensemble ce vaste problème, et nous écarterons de notre étude la discussion des questions historiques aussi bien que l'examen des législations étrangères.

C'est seulement au point de vue de la législation française actuelle que nous comptons nous placer, nous demandant suivant quels principes le juge français doit aujourd'hui trancher les conflits de lois successorales qui lui sont soumis.

Ce débat suppose résolue une question préjudicielle : avant de se demander quelle est la loi applicable aux successions et aux legs que laissera ou recueillera un étranger, il faut logiquement savoir si cet étranger est capable de transmettre ou d'acquérir une succession ou un legs : aussi devons-nous rappeler que le droit d'aubaine a été définitivement aboli en France par l'article 1 de la loi du 14 juillet 1819.

L'étude de notre question ainsi délimitée nous amènera à examiner les nombreuses difficultés, de genres très divers, que la pratique a soulevées. La Jurisprudence a ici une importance toute particulière, et retiendra notre attention : elle a dû, en effet, suppléer souvent à la concision regrettable de nos Codes, et forme, en quelque sorte, la législation écrite de la matière, législation parfois contradictoire avec elle-même, souvent critiquable quant à son fondement juridique, mais qui n'en est pas moins pratiquement souveraine.

Il serait périlleux de nous lancer sans fil conducteur dans ce labyrinthe de controverses. C'est pourquoi nous chercherons, dans une première partie, à poser un principe, nous efforçant de déterminer quelle est, abstraction faite des règles spéciales à chaque question particulière, la loi qui, d'une façon générale, doit triompher dans les conflits relatifs aux successions.

Il nous sera facile ensuite, nous référant sans cesse à ce principe directeur, de résoudre successivement les conflits que soulève chaque question particulière : ces applications feront l'objet de notre deuxième partie.

Nous examinerons enfin, dans notre troisième partie, deux groupes d'hypothèses régies par des textes spéciaux dans lesquelles il est dérogé aux règles de droit commun dont l'étude fait l'objet de nos deux premières parties.

PREMIÈRE PARTIE

DE LA LOI QUI RÉGIT EN PRINCIPE LES SUCCESSIONS

Il convient tout d'abord de remarquer que la loi applicable en principe aux successions, — quelle qu'elle soit — devra subir quatre ordres de restrictions commandées par des textes formels ou des principes juridiques incontestés.

Cette loi ne régira en effet ni les questions intéressant l'ordre public international (3-1° C. civ.), ni les questions relatives à la pure capacité des personnes (3-3°, C. civ.), ou à la forme extérieure des actes, ou à l'interprétation de la volonté du *de cujus*.

Nous étudierons plus utilement et plus logiquement la portée exacte de ces restrictions quand nous examinerons, dans notre deuxième partie, les diverses questions particulières que soulève la matière des successions ; mais il était nécessaire d'indiquer tout au moins ces atténuations qui précisent le domaine de notre question.

Le Code civil ne contient qu'un seul texte relatif aux conflits de lois, l'article 3.

Nous allons donc essayer, dans un premier paragraphe, d'interpréter ce texte, et d'en déduire la solution du problème que nous étudions ; nous examinerons, dans nos deuxième et troisième paragraphes, les divers systèmes différents qui ont été proposés relativement au conflit de lois successorales.

I

Interprétation de l'article 3. — Système de la loi nationale.

L'article 3 du Code civil est ainsi conçu :

« Les lois de police et de sûreté obligent tous ceux qui habitent le territoire. — Les immeubles, même ceux possédés par des étrangers, sont régis par la loi française. — Les lois concernant l'état et la capacité des personnes régissent les Français même résidant en pays étranger. »

Comment devons-nous interpréter ce texte pour résoudre le conflit des lois successorales ?

Beaucoup d'auteurs ont prétendu que l'article 3, dans son paragraphe 2, réglait expressément les conflits relatifs au moins aux successions immobilières. Nous pensons que le paragraphe 2 a, au contraire, un sens tout différent.

En effet, ce paragraphe, que, par sa place, on doit logiquement considérer comme une suite du premier paragraphe, a uniquement pour but de déclarer que l'organisation de la propriété immobilière en France n'est régie que par la loi française : c'est une conséquence naturelle du principe de souveraineté absolue des lois d'ordre public posé par le paragraphe premier. L'organisation de la propriété foncière est une des bases de la constitution sociale de l'Etat ; il serait contraire à l'ordre public qu'une loi étrangère vint régler quelles sortes de droits pourront exister sur les immeubles de France, comment le caractère immobilier même des biens sera déterminé, etc. ; car toutes ces questions ont trait à la situation juridique des biens considérés en eux-mêmes. Tout autres seront les questions de succession : nous ne voyons pas en quoi il serait contraire à l'ordre public qu'une loi étrangère déterminât quelles personnes pourront exercer sur des immeubles français les droits que reconnaît la loi française. De même, on n'a jamais contesté qu'il fût parfaitement licite de faire régir par une loi étrangère les conditions d'acquisition par un incapable de droits immobiliers reconnus par la loi française. Il ne s'agit plus, en effet, de la situation des biens considérés en eux-mêmes, mais des droits des personnes relativement à ces biens.

Le paragraphe 2 de l'article 3 ne peut donc pas être invoqué pour trancher les conflits relatifs aux successions immobilières.

« Cette règle (de l'article 3-2°) signifie seulement que la condition juridique des immeubles situés en France, l'organisation de la propriété foncière en un mot dépend de la loi française. Quand le législateur parle des immeubles sans autre précision, il vise sans nul doute ces biens considérés en eux-mêmes et on ne saurait, sans fausser sa pensée, étendre sa disposition à tous les cas où les immeubles peuvent faire l'objet d'un droit quelconque.. » (Despagnet, *Traité*, page 161).

« L'article 3 parle des immeubles considérés isolément et non de ceux absorbés dans l'unité d'une hérédité à transmettre. » (Labbé, S. 1882, I, 147).

L'article 3 ne formule donc pas expressément la solution de notre problème : nous devons nous demander maintenant s'il ne la contient pas implicitement.

Un premier système d'interprétation de l'article 3 se présente à nous :

Un grand nombre de jurisconsultes et la jurisprudence presque unanime ont fait le raisonnement suivant : quand un texte du Code civil offre quelque difficulté pour son interprétation, il faut chercher quelle était la solution admise dans l'ancien droit et l'adopter sans hésiter. Ici donc, le silence du Code civil, relativement au conflit des lois successorales, doit être interprété dans le sens de la confirmation du droit antérieur, non dans celui de l'introduction d'un principe nouveau. Si le législateur avait eu l'intention d'innover sur ce point il aurait nettement exprimé sa volonté à cet égard, comme il l'a fait chaque fois qu'il a voulu opérer une réforme.

« Pour connaître l'étendue d'application de l'article 3 la question doit donc se poser ainsi : quels étaient les principes suivis sur ce point à l'époque de la rédaction du Code civil ? »

Or, dans l'ancien droit, il était généralement admis que la dévolution des immeubles devait être régie par la loi de la situatiion de ces immeubles, et celle des meubles par la loi du domicile du *de cujus* : c'est ce système traditionnel qui s'impose encore à nous à l'heure présente.

La volonté du législateur s'est d'ailleurs nettement

exprimée dans les travaux préparatoires, ajoute-t-on, et on nous cite deux passages habilement tirés de l'obscure discussion de l'article 3 :

« On a toujours distingué, dit Portalis, les lois qui sont relatives à l'état et à la capacité des personnes d'avec celles qui règlent la disposition des biens. Les premières sont appelées personnelles et les secondes réelles. » (Locré, tome I, page 304).

« L'article 3, déclare Faure, contient les principales bases d'une matière connue dans le droit sous le titre de statuts réels. » (Locré, tome I, page 317.)

Ce mode d'interprétation de l'article 3 est, selon M. Champcommunal (De la succession *ab intestat* en droit international privé. *Thèse*, Paris 1892) absolument rationnel. Il arrive souvent, dit-il, que le législateur pose un principe d'une façon générale et laisse à l'interprète le soin de le développer et de l'appliquer. C'est ainsi que l'article 1167 pose en termes très concis le principe de l'action paulienne, et, sans qu'aucune controverse ait même jamais été soulevée à ce sujet, on dégage de cet article toute l'ancienne théorie du droit romain concernant les effets et les conditions de l'action paulienne. Pourquoi en serait-il différemment dans notre cas ? l'article 3 a consacré la théorie des statuts de l'ancien droit : il faut donner à cette théorie toute l'étendue que la tradition impose.

Il nous paraît difficile de suivre cette méthode : la tradition n'a d'autorité que lorsque le législateur s'y est implicitement au moins référé. Or, ce n'est pas le cas ici. A quelque point de vue que nous nous placions, nous n'apercevons pas cette volonté du législateur.

Examinons d'abord l'article 3 en lui-même.

Nous y trouvons bien trois règles que les légistes statutaires admettaient généralement, mais peut-on conclure de là que toute la théorie des statuts, dont trois règles seulement ont été reproduites, a été adoptée dans son ensemble? Rien, dans le texte même, qui n'emploie seulement pas le mot de statut, ne révèle la confirmation tacite de l'ancienne doctrine.

Cette confirmation est-elle au moins vraisemblable? Nous ne le pensons pas.

Comment les législateurs de 1804 auraient-ils pu se référer à une théorie qui n'existait pas dans le domaine de la législation positive, et qui, dans le domaine de la doctrine, était fort contestée, sur laquelle plusieurs systèmes contraires se combattaient? — Si les rédacteurs du Code civil avaient voulu adopter la théorie des statuts, ils auraient tranché la discussion et déclaré nettement à quelle opinion ils se rattachaient.

On invoque, par analogie, l'exemple de la théorie de l'action paulienne qui résulte sans difficulté de l'article 1167; mais la situation n'est pas la même. L'article 1167 a posé une règle générale et c'est pour l'interprétation de cette règle qu'on invoque la tradition. L'article 3 au contraire a posé trois règles spéciales : de quel droit va-t-on de ces règles spéciales conclure à une règle générale ?

Peut-on enfin tirer argument des travaux préparatoires? peut-on, de quelques mots prononcés par deux orateurs dans les assemblées législatives qui préparaient le Code civil, tirer une solution juridique certaine? Portalis nous dit « qu'on a toujours distingué des lois personnelles et des lois réelles ». Or, l'article 3 lui-même distingue quelques-unes de ces lois : tel est peut-être uniquement le sens des paroles de l'orateur. Cela n'implique nullement que toutes les anciennes distinctions de statut réel et de statut personnel soient consacrées. Quant à Faure, il a, il est vrai, prononcé le mot de statut, lapsus explicable à la rigueur par une ancienne habitude de langage ; il a déclaré que l'article 3 contenait les principales bases de l'ancienne théorie des statuts ; mais c'est là une vérité incontestable : nous avons nous-mêmes reconnu plus haut que l'article 3 consacrait trois des règles admises dans l'ancien droit. Il n'en résulte pas logiquement que la théorie des statuts soit applicable dans ses règles qui n'ont pas été consacrées spécialement par l'article 3.

Nous ne trouvons donc nulle part de confirmation de l'ancien droit.

D'ailleurs il nous semble que l'article 7 de la loi du 30 ventôse an XII a mis entre l'ancien droit et ce droit moderne une barrière infranchissable. Cet article déclare abrogées les lois, ordonnances, etc., ayant pour objet des matières visées par le Code civil. La matière des conflits de lois a fait l'objet de l'article 3 ; dès lors, les anciennes distinctions entre meubles et immeubles successoraux que l'article 3 n'a pas reproduites sont aujourd'hui sans fondement légal. C'est dans l'article 3 analysé en lui-même dans son essence et dans ses principes, qu'il faut rechercher la solution des questions qu'il n'a pas tranchées directement et non dans la tradition de l'ancien droit auquel le législateur même n'a laissé qu'un intérêt historique.

On nous objectera peut-être que l'article 3 n'ayant pas prévu les conflits de lois relatifs aux successions, les solutions de l'ancien droit n'ont pas été abrogées sur ce point. Nous croyons que la loi de ventôse, générale dans termes, doit être appliquée d'une façon générale. « Toutes les lois ayant le droit civil pour objet ont été abrogées d'une manière absolue, c'est-à-dire non seulement en tant que la nouvelle législation contient des dispositions incompatibles avec l'ancienne, mais par cela seul que les matières formant l'objet de lois antérieures se trouvent réglées par le Code Napoléon. Ce principe ne reçoit exception que dans les cas où le Code rappelle et confirme le droit ancien (1). »

En résumé, nous croyons que le législateur n'a pas, dans l'article 3, consacré l'ancienne théorie des statuts : il a voulu simplement poser trois règles sur les points qui lui paraissaient essentiels. L'utilité d'une théorie générale des conflits des lois ne lui semblait sans doute pas exister pratiquement : en effet, les conflits de statuts s'étaient jusque-là élevés surtout entre les diverses provinces de la France. Le principe d'unité de législation pour toute la France qui venait d'être posé, le peu de relations qui existaient alors avec les Etats étrangers ne laissaient pas prévoir de fréquents conflits de lois, et l'on comprend sur ce point et la brièveté des discussions, dans les assemblées ainsi que l'attestent les procès-verbaux des séances, et la concision du texte de l'article 3.

Nous ne chercherons donc pas, suivant la méthode traditionnelle, en dehors du texte de l'article 3, des règles que, selon nous, il n'implique pas ; mais, suivant

(1) Aubry et Rau, tome I, page 22.

une méthode différente, nous analyserons les règles posées par l'article 3, cherchant si les principes ainsi déduits du texte même de la loi ne s'appliquent pas juridiquement à notre question.

L'article 3 contient deux règles : 1° les lois de police et de sûreté, parmi lesquelles sont comprises les lois concernant l'organisation de la propriété des immeubles, comme nous l'avons montré plus haut, sont absolument souveraines en France ; — 2° l'état et la capacité des personnes sont régies par leur loi nationale.

Les conflits relatifs à ces deux sortes de lois sont donc formellement réglés par ce texte ; nous devons nous demander maintenant si la loi successorale, dans la législation française actuelle, n'a pas le caractère de loi d'ordre public, ou de loi intéressant l'état et la capacité des personnes.

« La loi successorale, c'est-à-dire la loi qui désigne les héritiers, fixe leurs parts, dit comment ils seront saisis, leur impose telles ou telles charges, les soumet au rapport de libéralités reçues, leur assure une légitime ou une réserve, détermine les modes de disposer qui peuvent ou ne peuvent pas se concilier avec leurs droits, cette loi, quel en est le caractère ? Est-elle un règlement d'intérêts, de droits, de devoirs engendrés par la parenté, par conséquent une des lois qui ont en vue les rapports juridiques dérivés de l'état des personnes ? Se rattache-t-elle à un ordre d'idées tout différent, à l'organisation de la propriété ? S'agit-il de décider comment doivent être réparties les fortunes, soit dans l'intérêt d'une bonne culture des terres, soit pour la meilleure ordonnance des forces sociales qui s'appuient sur la possession du sol ? Selon qu'elle aura, en droit interne, le premier ou le second de ces caractères, la loi successorale appartiendra, en droit international, au statut personnel ou au statut réel (1). »

Nous ne pensons pas qu'on puisse considérer la loi successorale comme une loi constitutive de l'état social ou politique d'un pays, c'est-à-dire comme une loi d'ordre public ; évidemment le système successoral adopté aura un effet indirect sur l'organisation sociale de la propriété. Des gouvernements pourront, dans un but politique, favoriser par le mode de dévolution des biens la formation et le développement de familles aristocratiques. Mais est-ce qu'une loi quelconque n'a pas toujours sa répercussion sur l'organisation sociale d'un pays et n'est pas par suite le reflet des luttes politiques ?

Le véritable critérium permettant de discerner une loi d'ordre public consiste à se demander si les règles édictées par cette loi s'imposent d'une façon ab olument obligatoire aux citoyens, ou si elles sont facultatives, subordonnées à la volonté des individus. Evidemment le Code civil qui, en principe, a laissé à chacun la faculté de régler comme il l'entend la dévolution de sa succession n'a pas fait de la loi successorale une loi d'ordre public.

Sans nous arrêter plus longtemps à cette première controverse, aujourd'hui éteinte, abordons immédiatement la discussion des deux opinions qui, seules, comptent actuellement des partisans.

Nous allons rechercher le fondement de la loi qui

(1) Lainé, *Introduction générale au droit international privé*, tome II, page 415.

régit la succession *ab intestat*, laissant de côté pour un instant l'étude des lois relatives aux successions testamentaires sur lesquelles nous reviendrons plus loin, sans avoir d'ailleurs à nous y arrêter longtemps, car, suivant l'expression du jurisconsulte que nous citions plus haut, « elles ne sont qu'une dépendance de la loi successorale. »

Suivant une opinion généralement admise, le législateur, en réglant la succession *ab intestat*, n'aurait fait qu'exécuter le testament présumédu défunt.

Toute personne, par suite du caractère souverain du droit de propriété, a la faculté de disposer de ses biens pour le temps où elle n'existera plus ; si elle n'a pas exprimé son intention à cet égard, le législateur suppléera à sa volonté absente en réglant la dévolution de la succession, suivant les règles que le défunt aurait vraisemblablement édictées, c'est-à-dire en appelant comme héritiers les personnes pour lesquelles le défunt sera présumé éprouver le plus d'affection.

Nous n'avons pas à nous demander si rationnellement tel doit être le fondement du droit de succession *ab intestat* ; mais seulement si c'est là le système mis en pratique par nos lois. Nous en doutons fort.

Examinons l'ensemble du système du Code civil ; il ne semble guère tenir compte des affections probables du défunt.

Le législateur qui nous a donné une si belle définition du mariage doit évidemment supposer que la personne que le défunt chérissait le plus était son époux, dont l'affection l'a aidé à « supporter le poids de la vie ». Pourquoi alors n'appeler l'époux survivant à la succession de son conjoint qu'en l'absence de tout collatéral ?

Il paraît vraisemblable que l'amour filial soit plus fort que l'amitié unissant deux cousins au douzième degré ; comment alors appeler le père et le cousin conjointement et pour parts presqu'égales (car la différence d'émolument n'existe qu'en usufruit — 754 C. civ.)

Enfin le père aime également tous ses enfants, qu'ils soient nés dans le mariage ou hors du mariage (on a même prétendu qu'il chérissait surtout ceux dont la naissance était la plus irrégulière). Pourquoi écarter absolument de la succession l'enfant adultérin ou incestueux, et partiellement l'enfant naturel simple ?

C'est qu'en réalité le législateur n'a pas voulu, dans l'organisation de la succession *ab intestat,* donner un effet à la volonté présumée du défunt. Le législateur a voulu, dans la succession *ab intestat*, consacrer un droit appartenant à chaque personne sur les biens de ses parents, droit inhérent à la qualité même de parent, conséquence de l'existence d'un lien de famille.

La preuve en est dans l'étroite connexité qui unit le système de dévolution successorale au système même de constitution de la famille : le législateur appelle les parents à la succession suivant leur proximité de degré, tenant compte des souches et des lignes, et écartant les successeurs qui paraîtraient les plus naturellement désignés par cela seul qu'ils ne font pas partie de la famille légale (époux, enfant naturel).

Nous n'allons pas jusqu'à soutenir que le Code civil ait entendu consacrer l'ancien système patriarcal de copropriété familiale tel que nous le trouvons dans la plupart des législations primitives : la faculté qu'a eue le défunt de disposer de ses biens et de changer dans une certaine mesure l'ordre de dévolution prouve bien qu'il était plus qu'un administrateur passager des biens de la famille.

Mais la copropriété familiale a cependant existé virtuellement du vivant même du *de cujus*; sa manifestation pratique est suspendue à la mort du *de cujus* et subordonnée à la condition qu'il n'ait pas disposé de ses biens, mais cette copropriété n'en est pas moins réelle et elle est le fondement du droit de succession dans le Code civil.

« Les rédacteurs du Code civil manifestèrent l'intention de se rapprocher du système du droit romain et de déférer l'hérédité d'après l'affection présumée du défunt. Mais il est facile de reconnaître qu'en admettant le partage entre les deux lignes de toute hérédité dévolue à des ascendants ou a des collatéraux, le Code civil s'est, quoiqu'on en ait dit au Conseil d'Etat, au tribunal et au corps législatif, essentiellement écarté de l'ordre de succession établi par le droit romain et du principe qui lui servait de base. Les dispositions du Code tant sur la saisine héréditaire que sur la réserve légale, et la division de l'hérédité entre ces deux lignes, introduite comme un palliatif à l'abrogation de la règle *paterna paternis*, prouvent que le gouvernement principal du système de succession établi par le droit nouveau est la copropriété de famille, modifiée, il est vrai, dans ses conséquences, c'est-à-dire détachée des éléments aristocratiques avec lesquels elle se trouvait en connexion, et appropriée aux besoins d'une constitution démocratique (1). »

(1) Aubry et Rau, tome VI, page 266.

On objecte à cette théorie plusieurs ordres d'arguments.

Si la succession, dit-on en premier lieu, est basée sur l'existence de rapports de famille, pourquoi la restreindre au douzième degré et ne pas admettre à l'infini les collatéraux comme héritiers? Le législateur a sans doute craint, comme cette appréhension se manifeste dans d'autres parties du Code civil, de multiplier les difficultés et les procès dans les familles en appelant à lasuccession des parents dont l'état serait en général fort difficileà prouver.

Nous avons déjà implicitement répondu plus haut à une seconde objection; on prétend que la réserve au lieu d'être restreinte aux ascendants et descendants devrait exister au profit de tous les parents. Cette critique serait exacte si nous prétendions que le parent n'est que dépositaire des biens formant la copropriété de tous. Mais nous avons écarté cette idée, en disant que la copropriété familiale moderne n'existait qu'en puissance, en quelque sorte, du vivant du parent et ne devenait effective que sur les biens dont il n'avait pas disposé à son décès.

La théorie à laquelle nous nous rallions a été encore critiquée à un autre point de vue : en 1804, dit-on, on pouvait peut-être trouver dans une sorte de copropriété familiale le fondement de la succession ; mais des lois ultérieures ont affirmé, sans doute possible, que le législateur ne tenait compte que des affections présumées du défunt ; et on invoque les lois du 9 mars 1891 et du 25 mars 1896.

Remarquons d'abord qu'il est bien hardi de vouloir trouver dans ces lois le fondement d'une théorie juridique quelconque ; leurs dispositions embarrassées, confuses parfois, ont eu surtout en vue de remédier à des inconvénients pratiques, de modifier certaines situations de fait paraissant critiquables.

C'est ainsi que la loi du 25 mars 1896 a donné le titre d'héritier à l'enfant naturel uniquement pour le dispenser des formalités d'envoi en possession ; mais ce qui prouve bien que dans cette loi même on n'a pas entendu prendre en considération uniquement les affections du défunt, c'est qu'on a accordé, comme dans le Code civil, une part moindre aux enfants naturels qu'aux enfants légitimes ; c'est qu'on n'a même pas donné effet à la volonté du défunt quand elle est nettement exprimée (908, C. civ.).

Quant à la loi du 9 mars 1891 elle est plutôt un argument en notre faveur puisqu'elle reconnaît qu'il serait conforme à la volonté de l'époux prédécédé d'appeler à sa succession son conjoint survivant et que néanmoins elle n'accorde à ce conjoint qu'un droit d'usufruit, atteinte passagère imposée par des considérations humanitaires au droit de la famille.

On nous oppose enfin les travaux préparatoires : les divers orateurs, dit-on, notamment Treilhard, y répètent continuellement que « la succession *ab intestat* est le testament présumé du défunt et qu'il faut rechercher ses affections pour déterminer les héritiers. »

Mais, pour bien interpréter les expressions du législateur, il ne faut pas se borner à citer quelques phrases heureusement choisies : il faut examiner l'ensemble de la discussion.

Or, les rapporteurs aux diverses assemblées procèdent dans leurs discours de la façon suivante : ils font tout d'abord une sorte d'exposé historique de la question, distinguant d'une part le système du droit romain, faisant de la volonté présumée du défunt le fondement du droit de succession et, d'autre part, le système du droit coutumier basé sur l'idée de copropriété familiale. Le législateur tenait à écarter le système du droit coutumier, qui, consacrant des privilèges et la recherche dangereuse de l'origine des biens, était voué à la haine publique. C'est pourquoi nous voyons sans cesse les orateurs rappeler que la dévolution du Code n'avait rien de commun avec un tel système, mais reposait au contraire sur le principe opposé, sur l'idée du droit romain.

Il n'y a donc, dans les passages des discours qu'on nous oppose, qu'une affirmation sans portée, ne correspondant pas en réalité à l'idée qui inspirait le législateur ; ce qui le prouve de façon absolue, c'est d'une part l'exclusion partielle de l'époux et de l'enfant naturel, d'autre part le concours de l'ascendant et du collatéral au douzième degré par suite du partage entre les deux lignes, dispositions que le législateur n'aurait certainement pas laissé subsister s'il avait voulu poser le principe de la présomption des affections du défunt et appliquer logiquement ce principe.

Et d'ailleurs, aux arguments qu'on tire des travaux préparatoires nous pouvons en opposer d'autres puisés à la même source et qui, contrairement aux précédents, méritent peut-être de retenir l'attention car ils sont en conformité logique avec les textes :

En tout cas les fragments que nous allons citer montreront au moins que l'affection présumée ne fut pas la seule base de la succession dont il fut question.

C'est ainsi que nous voyons Treilhard déclarer : « La Société se perpétue par les mariages : son organisation serait imparfaite s'il n'existait pas aussi un moyen de transmettre les propriétés de la génération présente à la génération future (1). »

Est-ce les sentiments du défunt qu'on invoquera pour régler les droits des enfants naturels ? Le rapporteur Chabot justifie tout autrement la restriction qu'on leur fait subir : « Cette mesure concilie parfaitement les droits de la nature avec ce qu'exigent les bonnes mœurs, la faveur due au mariage et les droits des familles (2) » ; et Treilhard fait à ce sujet une affirmation analogue : « Si la nature réclame pour les enfants naturels une portion du patrimoine paternel, l'ordre social s'oppose à ce qu'ils le reçoivent dans les mêmes proportions et au même titre que les enfants légitimes (3). »

Enfin, quand les législateurs discutent la quotité des droits du conjoint, le rapporteur Chabot se fonde bien sur l'affection du défunt : mais il est évident que ce n'est là qu'une formule oratoire. Chabot ne pouvait pas véritablement penser que le fisc seul était moins élevé que le conjoint dans l'échelle des affections du défunt : il ne cherche qu'un motif plausible pour exclure l'époux des droits réservés à la famille légale quand il déclare que : « Il est naturel de présumer que les conjoints se préfèrent au fisc pour succéder l'un à l'autre (4). »

Nous concluons donc que dans le Code civil, la loi successorale n'est certainement pas une interprétation

(1) Locré, tome X, page 177.
(2) Locré, tome X, page 230.
(3) Locré, tome X, page 191.
(4) Locré, tome X, page 250.

de la volonté présumée du défunt : la succession *ab intestat* est une des conséquences juridiques qu'engendre la parenté, la réalisation d'une sorte de copropriété familiale jusque-là en puissance. Le législateur a établi entre l'organisation de la famille et la dévolution de la succession une telle liaison que nous devons déclarer que les lois successorales et les lois constitutives de la famille ont la même nature. Au point de vue de la question générale que nous étudions, il en résultera que, les lois réglant l'état des personnes et par suite établissant les rapports de parenté étant des lois de statut personnel (3-3° C. civ.), les lois successorales seront aussi en principe des lois de statut personnel.

Puisque la succession procède de la famille, puisque, selon le mot de Labbé (1), le règlement des successions est modelé sur l'organisation de la famille, il y aurait contradiction à appliquer à l'état des personnes la loi d'une nation et à la succession des mêmes personnes la loi d'une autre nation.

La loi successorale sera, en un mot, la loi nationale du *de cujus*.

Nous avons laissé de côté momentanément la succession testamentaire : Il nous faut maintenant y revenir.

La loi successorale, en matière de succession testamentaire, est la loi « qui met un frein à la volonté de l'homme qui s'égare », la loi qui détermine par quels moyens et dans quelle mesure il peut être dérogé aux règles de la succession *ab intestat*. Quelle sera cette loi en droit international? Il nous semble que ce ne peut

(1) Note de Labbé : S. 1882, I, 147.

être que la loi même qui régit en principe la succession *ab intestat*. En effet, le législateur, en considération de l'organisation de la famille du défunt, a réglé le sort du patrimoine. Le même législateur seul peut dire comment il sera permis au *de cujus* d'écarter les règles ainsi posées : ce législateur seul, en d'autres termes, devra fixer les caractères de la propriété familiale, base de la succession, et la mesure du droit de disposition appartenant au défunt à l'encontre du droit de propriété de la famille.

Notons d'ailleurs que les restrictions relatives à la forme des actes, à la capacité, à l'interprétation des volontés, auront en matière de succession testamentaire un vaste champ d'application et que par suite nombre de questions seront soumises à une loi autre que la loi nationale du défunt.

Quoiqu'il en soit, nous pouvons poser en principe que, d'une façon générale, la loi nationale du défunt régira toute succession *ab intestat* ou testamentaire.

Nous avons essayé de démontrer que le principe de souveraineté de la loi nationale était commandé par le texte de l'article 3 ; il nous semble que ce système est aussi conforme au caractère juridique de la succession.

La succession n'est en somme que la transmission du patrimoine d'une personne décédée. Qu'est-ce donc que le patrimoine ? Le patrimoine n'est pas une chose concrète, un ensemble de biens matériellement considérés : il peut en effet ne comprendre actuellement aucun bien. Tout homme est apte à acquérir et à s'obliger : il a donc en lui-même une puissance virtuelle de devenir propriétaire, créancier ou débiteur : c'est cette puissance même, considérée *in abstracto*, qui constitue le patrimoine. Le patrimoine est un corollaire de la personnalité de l'homme : il est cette personnalité même envisagée sous un certain aspect.

« Le patrimoine étant dans sa plus haute expression la personnalité même de l'homme considérée dans ses rapports avec les objets extérieurs sur lesquels il peut ou pourra avoir des droits à exercer, comprend non seulement *in acta* les biens déjà acquis, mais encore *in potentia* les biens à acquérir. Le patrimoine d'une personne est sa puissance juridique considérée d'une manière absolue et dégagée de toutes limites de temps et d'espace. — L'indivisibilité du patrimoine continue à s'appliquer après le décès de la personne qui en était propriétaire, à l'hérédité envisagée comme objet du droit de succession (1). »

Tel étant le patrimoine, un et indivisible, il est logiquement impossible de régler sa transmission par plusieurs lois différentes. Il y aurait antinomie entre cette pluralité de lois successorales et le principe d'unité du patrimoine.

La loi successorale doit donc être unique ; en outre, le patrimoine étant la personnalité même de l'homme considérée dans ses rapports avec les biens, la loi successorale doit être celle qui régit la personne elle-même, c'est-à-dire la loi nationale du défunt.

Nous ne devons pas examiner ici les avantages pratiques du système que nous soutenons : cette étude sera plus utilement faite dans la suite : elle résultera surtout

(1) Aubry et Rau, tome VI, pages 229-230 (note 6) et 256.

de l'application de notre système général aux questions particulières.

Notre principe nous conduira souvent à appliquer en France une loi étrangère ou à l'étranger une loi française ; il n'y a là rien de contraire au principe de la souveraineté nationale. On a dit en effet fort justement que « l'Etat est avant tout un agrégat de personnes » ; sa souveraineté s'étend principalement sur les personnes de ses sujets. Certainement l'Etat exerce aussi en général son autorité sur un territoire ; mais cela n'est pas indispensable : on conçoit très bien un Etat sans territoire, mais on ne conçoit pas un Etat sans sujets ; « la souveraineté territoriale de l'Etat n'est que l'accessoire de sa souveraineté personnelle (1) ».

Il est donc conforme à la notion de souveraineté bien entendue de faire suivre les citoyens d'un pays à l'étranger par leur loi nationale et de régler leur succession conformément à cette loi ; en respectant cependant les règles d'ordre public, c'est-à-dire les règles édictées dans l'intérêt général du pays sur le territoire duquel l'étranger se trouve, suivant la restriction générale que nous avons formulée plus haut.

Le système de la loi nationale a rallié dans le domaine théorique presque tous les suffrages. En droit positif, ses partisans sont moins nombreux et s'appuient généralement sur des arguments différents de ceux que nous avons présentés : ces jurisconsultes admettent généralement que la succession *ab intestat* est basée sur la volonté présumée du défunt et ils en concluent que la loi successorale doit être la loi à laquelle le défunt a

(1) Weiss, *Manuel*, p. 184.

entendu vraisemblablement se référer, c'est-à-dire sa loi nationale.

Nous doutons de l'exactitude du point de départ même de cette théorie, car nous avons cru trouver le fondement de la succession plutôt dans un droit de famille que dans la volonté présumée du *de cujus*. Mais, même en admettant le fondement de cette théorie, les conséquences qui en résultent logiquement sont-elles bien celles qu'on nous propose ? Est-ce que dans tous les cas il peut paraître vraisemblable que le défunt ait entendu se référer tacitement, quant à la dévolution de sa succession, à sa loi nationale ? Cette hypothèse sera certainement admissible quand le défunt aura toujours conservé son domicile et sa résidence dans son pays d'origine. Mais supposons un individu né en pays étranger et n'ayant pas acquis la nationalité du pays où il est né ; cet étranger a toujours résidé dans son pays natal. Va-t-on pouvoir soutenir logiquement qu'il a entendu se référer à la loi successorale d'un pays dont il est national sans doute, mais avec lequel il n'a jamais eu de rapport et dont la loi lui est vraisemblablement inconnue ? En matière d'obligations se présente une question analogue : là aussi, pour interpréter la volonté obscure ou ambigüe des contractants, on se demande à quelle loi ils ont entendu tacitement se référer et on décide qu'il est impossible de résoudre cette difficulté par une solution générale ; ce sera là une question de fait ; suivant les cas, le juge décidera tantôt que les contractants domiciliés dans leur pays d'origine commun ont entendu appliquer leur loi nationale ; tantôt que ces contractants, établis depuis longtemps à l'étranger, n'ont voulu se référer qu'à la loi de leur domicile. — Il nous semble qu'il devrait en être de même ici ; si la dévolution de la succession *ab intestat* n'est qu'une question d'interprétation de volonté, il est impossible de poser un principe général et absolu à cet égard : il faut laisser toute latitude au juge de statuer en fait, comme on lui accorde cette liberté quand il est chargé d'interpréter la volonté des parties relativement à une obligation.

La Jurisprudence française n'a encore consacré qu'une seule fois le principe de la loi nationale par un jugement du Tribunal du Havre du 22 août 1872 (S. 72, 1, 313. — *Journal dr. int. priv.*, 1874-182). Il s'agissait dans cette espèce de la succession d'une demoiselle Luscombe, étrangère, décédée au Havre où elle avait été baptisée et avait résidé toute sa vie, où ses parents même habitaient antérieurement à sa naissance. — Cette succession comprenait des meubles et des immeubles. On proposa, conformément à la tradition, d'appliquer à la succession des immeubles la loi de leur situation, et à la succession des meubles la loi du domicile de la défunte qui, disait-on, était resté fixé à l'étranger.

Le jugement, après avoir tout d'abord réglé une question de domicile, sur laquelle nous aurons à revenir dans un paragraphe prochain, déclare la loi nationale de la demoiselle Luscombe applicable à toute la succession.

Il se base tout d'abord sur les raisons que nous avons nous-mêmes invoquées plus haut : « Attendu que le statut personnel embrasse non seulement les lois déterminantes de l'état d'un individu *in abstracto*, mais encore celles qui règlent la condition des biens chaque fois que cette condition est influencée par la capacité juridique des personnes ; attendu que le patrimoine, envisagé comme une universalité juridique distincte des biens qui le composent, constitue un être de raison, un tout purement idéal qui n'a pas de situation et qui ne se conçoit que par un lien juridique entre l'ensemble des biens et la personne et n'est que la personnalité du possesseur dans ses rapports avec les objets du monde extérieur ; que la transmission du patrimoine par l'hérédité n'est donc en réalité que la transmission de la personnalité du défunt venant se confondre et s'unir avec la personnalité de l'héritier ; que toutes les lois relatives à cette transmission sont donc personnelles, puisque, déterminant les conditions du passage de la personnalité d'une tête sur une autre, elles règlent la capacité à la fois de celui qui doit transmettre et de celui qui doit recevoir. »

Le jugement déclare en outre que cette référence à sa loi nationale est conforme à la volonté tacite de la *de cujus*, argument dont nous contesterons la légitimité surtout dans l'espèce, étant donné que la demoiselle Luscombe semblait n'avoir conservé en fait aucun rapport avec sa patrie.

Il faut remarquer toutefois que le jugement, après avoir posé de façon absolue le principe de la loi nationale, n'en fait pas pratiquement l'application aux immeubles. Il constate en effet que l'application de la loi nationale aux immeubles successoraux a lieu du consentement des parties ; le Tribunal n'a donc pas de différend à trancher à ce sujet. — On peut néanmoins supposer, si on considère en quels termes absolus le

Tribunal a posé la règle dans le passage cité plus haut, que le Tribunal n'aurait pas hésité à mettre en pratique l'idée à laquelle il se rallie théoriquement, quand bien même les parties n'auraient pas été d'accord à cet égard.

Notons enfin un doute que le Tribunal exprime sur l'interprétation donnée traditionnellement à l'article 3, § 2, interprétation que nous avons déjà critiquée nous-mêmes : « L'article 3 ne devrait-il pas être restreint aux dispositions qui ont trait à la condition juridique des immeubles, abstraction faite de la capacité juridique de ceux qui les détiennent ? »

On avait espéré que ce jugement serait l'origine d'un revirement de la Jurisprudence : il n'en a rien été.

Le système de la loi nationale a été expressément consacré par divers Codes étrangers : Code italien (art. 8), — Code zurichois (art. 3-2°), Code espagnol (art. 10-2°), — projet de Code civil belge (art. 6) ; ce système a eu enfin l'assentiment des membres de l'Institut de droit international privé, dans la session d'Oxford de 1880.

Remarquons, en terminant, que la loi nationale du *de cujus* dont nous proposons l'application, est la loi qui, dans la patrie du défunt, régit les successions, et non pas celle qui y règle les conflits de lois. On a cependant essayé de soulever quelques difficultés à cet égard ; mais la même question se présentant pour l'application du système traditionnel, nous l'étudierons dans notre paragraphe 3.

II

Système de la lex rei sitæ.

Ce système, qui fut énergiquement soutenu il y a quelques années, a eu pour principal défenseur Marcadé (Tome I, n°s 70 et 78).

Les partisans de cette doctrine font le raisonnement suivant : l'article 3-2° et le principe de souveraineté nationale commandent d'appliquer aux immeubles la loi de leur situation : il doit en être de même quant aux meubles ; les meubles sont, comme les immeubles, des choses situées matériellement dans un pays ; dès lors, « ils doivent être régis par la loi des choses, par la loi réelle du pays ». On ne concevrait une règle différente que si, par une fiction résultant de leur valeur insignifiante, on considérait les meubles comme des accessoires de la personne de leur propriétaire, et par suite soumis à la loi de son domicile ; mais, actuellement, la maxime « res mobilis, res vilis » n'a plus de raison d'être, et il faut donc appliquer à la dévolution des meubles la loi de leur situation matérielle ; la logique le commande, et de plus le principe de souveraineté nationale exige que tous les biens situés matériellement dans un pays soient régis par la loi de ce pays.

Nous avons déjà fait observer que l'article 3-2° régissait les immeubles considérés en eux-mêmes, et non pas la succession de ces immeubles ; et nous avons ainsi atteint à sa base même la théorie de la *lex rei sitæ*.

En admettant même que le principe invoqué comme résultant de l'article 3 fût bien fondé, comporterait-il les conséquences qu'on prétend en tirer ? Nous ne le pensons pas. Il n'est pas exact de dire que l'adage « res mobilis, res vilis » n'existe plus. Il ne correspond peut-être plus à la réalité des faits, mais il est toujours consacré par l'ensemble de nos lois. Comme le fait très justement remarquer M. Champcommunal, l'idée traditionnelle de supériorité des immeubles se manifeste notamment dans toute l'organisation de la communauté et de la tutelle.

Quant à l'argument tiré du principe de souveraineté nationale, nous y avons déjà répondu en établissant qu'actuellement la souveraineté était avant tout personnelle, et que, dès lors, chaque Etat pouvait admettre l'application de la loi étrangère aux biens situés sur son territoire, pourvu que ces lois ne fussent pas contraires à l'ordre public.

La doctrine de la *lex rei sitæ* fait enfin une objection aux autres théories : elle prétend qu'il serait pratiquement inutile de déclarer applicable à la succession la loi nationale ou la loi du domicile du *de cujus*. En effet, « comment le souverain du pays, du domicile, de la France, par exemple, fera-t-il respecter ses lois sur des biens qui se trouvent hors de sa puissance, en Perse, par exemple ? »

Cette objection n'a aucune portée si la législation du lieu de situation des biens admet l'application de la loi étrangère à la dévolution de la succession ; or, en fait, il en est ainsi dans plusieurs pays.

En serait-il même différemment, l'objection ne pourrait nous arrêter : en effet, le législateur d'un pays ne doit jamais avoir la prétention d'imposer à des Etats étrangers les lois qu'il édicte ; la souveraineté de ces pays s'y opposerait. Le législateur français, quand il déclare que la succession d'un individu sera régie par la loi nationale du *de cujus*, veut seulement ordonner aux juges français de statuer suivant ce principe : « Dire que dans tel cas donné, telle loi est applicable, ce n'est pas dire que les autorités du pays où cette loi est en vigueur, auront à intervenir pour la mise à exécution de cette loi (1). » L'objection pratique qu'on a soulevée ne doit donc pas nous retenir : l'application de la loi nationale à la succession, rencontrera peut-être des difficultés à l'étranger, mais ces obstacles ne peuvent pas empêcher le législateur de poser ce principe, pas plus qu'ils ne l'ont empêché d'édicter une règle semblable en matière d'état et de capacité.

La Jurisprudence a plusieurs fois consacré la doctrine de la *lex rei sitæ*.

C'est ainsi, qu'après la Cour de Rouen (25 mai 1813), la Cour de la Martinique, dans un arrêt du 18 mai 1878 (S. 1878, II, 238), adopte ce système, pour les motifs suivants :

« Attendu que la loi de la situation des biens doit seule, à l'exclusion de la loi domiciliaire, être suivie pour la dévolution successorale ; que les successions étant en effet d'ordre public ne peuvent être régies que par le droit civil de chaque pays. »

Un arrêt de la Cour de Paris du 14 juillet 1871 (S. 1871, 2, 141) pose tout d'abord en principe que la dévolution des successions est une matière d'ordre

(1) Renault, *Journ. dr. int. pr.*, 1875, p. 329 et s.

public, « tenant essentiellement à l'ordre public et relevant de la souveraineté de l'Etat » ; mais il ne reste pas fidèle à ce système et applique ensuite la loi du domicile du *de cujus* aux meubles.

Enfin on a parfois invoqué à tort dans le sens de la même opinion un arrêt de la Cour de Riom du 7 avril 1835 (S. 1835, II, 374). En réalité cet arrêt n'applique la loi française aux meubles situés en France que parce que le défunt était domicilié en France.

III

Système traditionnel.

Le système qu'a consacré la majorité de la doctrine (1) et de la jurisprudence applique à la succession des immeubles la loi de leur situation et à la succession des meubles la loi nationale ou la loi du domicile du *de cujus*.

L'argument fondamental qu'invoque cette théorie est l'autorité de la tradition : le Code civil aurait consacré dans son ensemble la théorie des statuts généralement admise dans l'ancien droit. Nous avons essayé d'écarter dans notre paragraphe premier cette méthode d'interprétation et nous n'aurons pas à revenir sur ce point. Mais il est un autre argument qu'ont présenté parfois

(1) Voir notamment : Demante, I, n. 10 *bis*. — Marcadé, art. 3. Aubry et Rau, I, p. 101. — Baudry-Lacantinerie et Wahl, « Des Successions. » Tome I, pages 509 et s. — Champcommunal, « De la Succession ab intestat en dr. intern. priv. » *Thèse Paris*, 1892. — Pillet, « Des successions en dr. intern. priv. » *Thèse Rennes*, 1885. — Renault, *Journ. dr. int. pr.*, 1875, p. 329.

les défenseurs du système traditionnel et que nous devons examiner ; nous étudierons ensuite les conséquences de cette doctrine, ainsi que les divergences d'opinions qui se sont produites parmi ses partisans.

M. Renault (1) invoque à l'appui du système traditionnel un motif d'ordre rationnel : les traités conclus par la France avec l'Autriche et la Russie résolvent les conflits de lois qui pourrait s'élever relativement aux successions des sujets de ces Etats, en appliquant la loi territoriale à la succession immobilière et la loi nationale du défunt à la succession mobilière. Or, d'une part, les Etats introduisent généralement, dans les traités qu'ils concluent, des dérogations au droit commun plutôt pour favoriser leurs nationaux. D'autre part, la théorie des statuts est moins favorable aux citoyens d'un Etat que la doctrine de la loi nationale, puisque la première soumet à la loi étrangère une partie de la succession. Il est donc invraisemblable, conclue M. Renault, de soutenir que le système de la loi nationale est le système légalement applicable en France, car il en résulterait que les traités conclus par la France auraient, en admettant la théorie des statuts, dérogé au droit commun au préjudice des Français.

Il est certain qu'un Etat ne conclue pas de traité avec une puissance étrangère pour écarter, au détriment de ses nationaux, l'application du droit commun. Mais quel est pratiquement en France le droit commun relativement au conflit de lois successorales ? c'est la théorie des statuts. Quelques jurisconsultes ont bien essayé de faire prévaloir une doctrine différente ; nous avons

(1) Renault, Successions *ab intestat* des Français à l'étranger et des étrangers en France, *Journ. dr. int. privé*, 1875, p. 329 et s.

nous-mêmes pensé que la théorie des statuts n'était pas juridiquement acceptable. Il n'en est pas moins vrai que la théorie des statuts a pour elle, en même temps que beaucoup de jurisconsultes, la presque unanimité de la jurisprudence. En 1866, quand fut conclu le premier des traités qu'on nous oppose, la jurisprudence était même absolument constante, n'est-il pas naturel dès lors de supposer que les auteurs des traités n'ont envisagé que les résultats pratiques des conventions qu'ils allaient conclure ? puisque, en fait, la théorie des status s'appliquait de droit commun à leurs concitoyens, ils pouvaient consacrer cette théorie dans les traités internationaux. En un mot, les auteurs des traités n'avaient pas à donner une interprétation de la loi ; ils n'ont fait que reproduire la doctrine généralement reçue, que consacrer le droit commun.

Mais leur manière d'agir ne doit pas être suivie quand, au lieu de prendre et d'appliquer une doctrine acquise, obligatoire en fait seulement, on s'efforce, comme nous le faisons actuellement, de trouver l'interprétation la plus exacte de la loi.

Le système traditionnel ne nous semble donc pas bien fondé en droit ; à raison de son importance de fait, il nous faut cependant en examiner les effets.

La succession immobilière sera régie par la loi territoriale. Rappelons qu'on a invoqué spécialement en faveur de cette partie du système général l'article 3-2°.

Les arrêts, très nombreux, rendus sur cette question sont en général très laconiques : ils se bornent souvent à affirmer la règle qu'ils appliquent, sans la justifier. Tels sont notamment l'arrêt du 17 janvier 1872 de la

Cour de Pau (S. 1872, II, 233) et le jugement du tribunal de Corbeil du 4 août 1897 (*Journ. dr. int. pr.*, 1898, p. 568). Quelques arrêts ont cependant reproduit les principaux motifs que nous avons signalés :

« Attendu que l'article 3, conforme aux anciens principes, soumet les immeubles situés en France, même ceux possédés par des étrangers, à la loi française ; que sa disposition embrasse dans sa généralité tous les droits de propriété et autres droits réels qui sont réclamés sur cet immeuble. » (Cass. 14 mars 1837, S. 1837, 1, 195).

« Attendu qu'en principe les biens sont régis par la loi du lieu où ils sont situés ; que l'article 3 applique de manière absolue ce principe aux immeubles. » (Pau, 14 mars 1874, S. 1875, 1, 409).

« La disposition de l'article 3 commandée par le droit politique s'oppose à ce que la transmission des immeubles faisant partie du territoire national soit réglée autrement que par la loi française. » (Paris, 12 mai 1874. *Journ. dr. int. pr.*, 1875-193) (1).

Le défunt laissera donc autant de successions que d'immeubles situés en pays différents : les règles de la dévolution varieront dans chacune de ces successions. Il faudra, dans chaque Etat, faire une masse des immeubles que le défunt y possédait et liquider cette masse suivant la loi locale, comme si elle constituait

(1) Voir dans le même sens : Cass. 2 juin 1806, S. Chr. — Cass. 8 déc. 1840, S. 41, 1, 56. — Cas.. 12 déc. 1843, S. 44, 1, 74. — Cass. 10 nov. 1847, S. 48, 1, 52. — Cass. 19 avril 1859, S. 59, 1, 411. — Cass. 31 mars 1874, S. 74, 1, 346. — Cass. 2 avril 1884, S. 86, 1, 121. — Cass. 11 fév. 1890, S. 91, 1, 109.

à elle seule tout le patrimoine du *de cujus*. Nous verrons dans notre deuxième partie les conséquences pratiques désastreuses qu'engendre ce système. Bornons-nous à remarquer ici qu'il est absolument contraire à la raison : qu'on cherche le fondement de la succession *ab intestat* dans une copropriété familiale ou dans la volonté présumée, du défunt, il est inadmissible qu'une même personne laisse des successions multiples : l'organisation de la famille du *de cujus* ne peut pas varier suivant les lieux où il possédait des immeubles ; on ne peut présumer que les affections du défunt diffèrent suivant les pays divers où sont situés les biens.

Les partisans du système traditionnel se séparent en deux groupes sur la question de la loi applicable à la succession mobilière : les uns optent pour la suprématie de la loi nationale du *de cujus*, les autres pour celle de la loi du domicile.

Cette divergence est une conséquence nécessaire du fondement même du système : nos anciens auteurs n'étaient pas en effet d'accord sur ce point. Tous admettaient bien l'application de la loi du domicile, mais pour des raisons différentes : d'après les uns, notamment d'Argentré et Bouhier, les meubles étaient considérés, en raison de leur peu de valeur, comme des accessoires de la personne ; par suite, la même loi devait régir à la fois la personne et les meubles dont elle était propriétaire ; c'est donc comme statut personnel qu'on déclarait la loi du domicile applicable à la succession mobilière. D'autres, notamment Boullenois et Dumoulin, partaient de l'idée que les meubles n'ayant pas d'assiette fixe, devaient, au point de vue juridique, être fictivement considérés comme situés au domicile de leur propriétaire : ces auteurs déclaraient donc la loi du domicile applicable comme statut réel.

Dans l'ancien droit, les deux raisonnements amenaient en somme à une conclusion semblable, mais il n'en serait plus de même aujourd'hui ; par interprétation de l'article 3-3°, on est forcé de reconnaître que la loi nationale a remplacé, en matière de statut personnel, la loi du domicile, et dès lors l'ancienne controverse renaît aujourd'hui avec un intérêt pratique considérable.

M. Champcommunal (1) se rallie au système de la loi du domicile : pour lui, c'est en ce sens que la tradition bien comprise doit être interprétée. Reprenant dès son origine la règle *mobilia sequuntur personam*, il s'efforce de démontrer qu'elle est un principe de statut réel. En effet, dit-il, la division du patrimoine entre plusieurs coutumes avait de grands inconvénients pratiques : ce mal était sans remède pour les immeubles, mais il n'en était pas de même en ce qui concerne les meubles. On pouvait les réunir fictivement au moins en une seule masse à laquelle une seule loi serait applicable : pour cela il suffit de les déclarer fictivement situés au domicile de leur propriétaire, et telle fut l'origine de la règle *mobilia sequuntur personam*. Mais la règle, une fois posée pour ce motif et admise unanimement, fut expliquée différemment, par les auteurs ultérieurs : c'est ainsi que d'Argentré et Bouhier la rattachent au statut personnel, contrairement à l'opinion de Boullenois et Dumoulin : mais il n'y a là qu'une erreur d'interpréta-

(1) Champcommunal, *Loc. cit.*, p. 317 et s.
Dans le même sens : Aubry et Rau, I, p. 102. — Demolombe, I, n. 268 *bis*.

tion qui ne nous lie pas à l'heure présente, conclue M. Champcommunal. Nous devons nous borner à observer la règle dans son sens véritable, c'est-à-dire comme statut réel, ce qui nous amène à appliquer à la succession mobilière la loi du domicile.

M. Laîné se prononce dans le même sens.

Au contraire, suivant M. Renault (1), la loi nationale serait applicable. M. Renault déclare « qu'il n'y a pas de raison sérieuse de distinguer entre la loi sur l'état de la personne et la loi sur la dévolution de la succession ». Or la loi, qui régit l'état de la personne est actuellement sa loi nationale : la loi du domicile n'était admise dans l'ancien droit que parce qu'elle réglait le statut personnel. En somme, pour M. Renault, la règle *mobilia sequuntur personam* se rattacherait au statut personnel.

Telle est aussi l'opinion MM. Baudry-Lacantinerie et Wahl (*loc. cit.*, tome I, p. 516). Ces auteurs tranchent la controverse de l'ancien droit en accordant la préférence à la loi nationale pour des motifs d'utilité et de raison, parce que « elle est supérieure à la loi du domicile dont la conséquence serait, ce semble, de supposer les meubles situés dans l'endroit où se trouve même accidentellement leur propriétaire, et c'est ce que personne n'a jamais soutenu ».

Nous n'avons pas ici à trancher la controverse qui s'élève sur les conséquences d'un système dont nous méconnaissons le fondement même ; mais il nous semble que MM. Baudry-Lacantinerie et Wahl font à

(1) Renault, *Journ. dr. int. pr.*, 1875, p. 329, 342, 422. Dans le même sens : Laurent, *Le dr. civil international*, VI, n. 116. — Conclusions de M. Aubépin sous Paris, 14 juillet 1871, S. 1871, 2, 141.

tort intervenir dans cette discussion des arguments de raison : puisque, suivant ces auteurs mêmes, la tradition de l'ancien droit s'impose à nous, nous n'avons pas le droit, quand une difficulté se présente, de nous demander quelle est rationnellement la meilleure solution mais nous devons uniquement rechercher quelle a été la solution véritablement admise par l'ancien droit. La question se ramènera donc, comme l'a fort bieu vu M. Champcommunal, à examiner si dans l'ancien droit le principe *mobilia sequuntur personam* était une règle de statut réel ou de statut personnel.

La grande majorité de la jurisprudence adopte la loi du domicile : les arrêts sont généralement très concis et ce n'est qu'avec peine que nous discernerons dans quelques-uns des motifs sérieux :

« Considérant que d'après la maxime « mobilia sequuntur personam » il est de principe que les valeurs mobilières, quelle que soit leur nature, sont, quant au droit d'en disposer ou de les recueillir, soumises au statut personnel de ceux à qui elles appartiennent ; qu'il s'en suit qu'une succession doit être réglée, quant aux meubles, par la loi du pays où le défunt avait son domicile et où par conséquent s'est ouverte la succession » (Paris 6 janvier 1862, S. 1862, 2, 338).

« Attendu que la succession considérée dans son universalité et comme étant la continuation de la personne du défunt ne peut être régie que par la loi qui régissait le défunt lui-même. » (Malgré ce préambule, l'arrêt applique ensuite aux meubles la loi du domicile) (Cass. 12 janvier 1869, D, 1869, 4, 194)

« Attendu qu'en principe les biens sont régis par la loi du lieu où ils sont situés, que l'article 3 applique de manière absolue ce principe aux immeubles ; que si, tout en soumettant à une règle différente l''état et la capacité des personnes, il garde le silence sur les meubles, c'est que, leur situation n'étant pas fixée, la détermination du statut qui leur est applicable dépend nécessairement des circonstances ; que, considérés en eux-mêmes et d'une manière individuelle, comme ils le sont dans ces questions de revendication, saisie, possession, privilège, il n'y a aucune raison de les soustraire à la loi du lieu où ils sont réellement ; mais qu'envisageés dans leur rapport avec la personne à laquelle ils appartiennent et pris en tant qu'universalité juridique, ils sont par suite d'une fiction qu'imposent à la fois et la nature des choses et la volonté de leur possesseur, réputés être là où celui-ci s'est fixé lui-même, c'est-à-dire au lieu de son domicile, et soumis par conséquent à la loi de ce domicile ; que dans le silence du Code sur cette matière, il est naturel d'admettre que les successions sont régies en principe par la loi du lieu où elles s'ouvrent, que ce lieu, d'après l'article 110, est déterminé par le domicile. » (Pau, 14 mars 1874, S. 1875, 1, 409) (1).

Quelques arrêts ont cependant adopté la loi nationale du défu..t. Il semble qu'alors l'application de la loi nationale soit la conséquence d'une erreur résultant de ce que l'étranger est, en fait, domicilié dans sa patrie : Ces arrêts se rallient au fond au système de la loi du

(1) Voir dans le même sens : Cass. 7 nov. 1826, S. Chr. Cass. 27 avril 1868, S. 68, 1, 257. -- Cass. 5 mai 1875, S. 75, 1, 409. — Cass. 22 fév. 1882, S. 82, 1, 393. — Cass. 29 juin 1893, D. 93, 1, 569. Toulouse, 7 déc. 1863, S. 64, II, 241. — Paris, 29 juill. 1872, S. 73, 2, 148. Pau, 17 janv. 1872. *Journ. dr. int. pr.*, 1874, 79. — Pau, 22 juin 1885, *Journ. de dr. int. pr.*, 1887, 479 et 617.

domicile; ils ne commettent donc qu'une erreur de mot, en donnant la suprématie à la loi nationale (1).

La loi nationale ou la loi du domicile qui, d'après la jurisprudence, régira la succession mobilière, — la loi nationale qui, à notre avis, doit régir toute la succession, sera la loi applicable à la dévolution des successions dans la patrie ou au lieu du domicile du *de cujus*, et non la loi qui y statue sur les conflits de lois. Quand le législateur français estime qu'en matière de succession la loi applicable est la loi étrangère, il n'est pas possible qu'il ait en vue par là la législation étrangère concernant les conflits, puisque précisément il règle lui-même ces conflits ; cette législation étrangère ne saurait s'appliquer puisque son application suppose l'existence d'un conflit qui, ici, a déjà été tranché.

De même, en matière d'état et de capacité, on se réfère à la loi nationale relative à l'état et à la capacité et non à la loi nationale relative aux conflits.

La jurisprudence n'a cependant pas toujours admis ces motifs, et, dans la célèbre affaire Forgo, elle a consacré le système contraire.

Il s'agissait de la succession d'un nommé Forgo, décédé en France : sa nationalité et son domicile étaient incertains. En admettant qu'il fût bavarois et non domicilié en France, comme l'avait décidé un premier jugement, sa succession mobilière, suivant le système traditionnel, devait être régie par la loi bavaroise ; mais, d'après les arrêts qui furent rendus dans l'espèce, par

(1) Aix, 27 mars 1890, *Journ dr. int.*, 1891, p. 211. — Alger. 14 jan. 1891, *Journ. dr. int.*, 1895, p. 1082. Trib. Seine, 1er mars 1881. *Journ. dr. int.*, 1881, 432.

la loi bavaroise régissant les conflits de lois. — Or, aux termes de l'article 12 — 1re partie — chapitre 2, du Code bavarois, la dévolution des meubles laissés en pays étranger par un Bavarois est régie par la loi étrangère. Il en résultait, d'après la jurisprudence, que la succession de Forgo était régie par la loi française (1).

Un premier arrêt fut rendu en ce sens par la Cour de cassation le 14 juin 1878 (S. 1878, 1, 429); sur renvoi, la Cour de Bordeaux statua dans les mêmes termes le 22 mai 1880 (S. 1880, 2, 294); enfin, la Cour de cassation se prononça une seconde fois, le 22 février 1882 (S. 82, 1, 394) dans les termes suivants : « Attendu que la sucession de Forgo doit être régie par la loi bavaroise, mais attendu que suivant la loi bavaroise on doit appliquer en matière de statut personnel la loi du domicile ou de la résidence habituelle, et en matière de statut réel la loi de la situation des biens meubles et immeubles ; qu'ainsi dans l'espèce, sans qu'il y ait lieu de rechercher si d'après la loi bavaroise la matière des successions *ab intestat* dépend du statut personnel ou du statut réel, la loi française était seule applicable (2). »

En réalité, la jurisprudence n'aurait pas dû s'arrêter là; et nous croyons que logiquement le principe admis par elle l'entraînerait dans un cercle vicieux sans fin : en effet, si elle admet qu'il faut se reporter à la loi étrangère réglant le conflit de lois, ne devrait-elle pas déclarer que cette loi étrangère renvoit elle même non pas à la loi française successorale, mais à la loi fran-

(1) Voir sur cette affaire : note de Labbé, *Journ. dr. int. pr.*, 1885, p. 12 et s.

(2) Voir dans le même sens : Douai, 2 février 1899. *Gaz. Trib.* 1899, 2, 329.

çaise relative aux conflits — qui renverrait encore une fois à la loi étrangère, et ainsi de suite. Un tel résultat suffirait, en dehors de tout autre motif, à condamner la jurisprudence.

Comment se déterminera le domicile du défunt, c'est-à-dire le lieu dont la loi régira, d'après la jurisprudence, la succession mobilière.

Il faut à cet égard distinguer deux situations, celle de l'étranger en France et celle du Français à l'étranger.

A. Etranger en France.

Il est un cas où l'étranger pourra certainement acquérir un domicile en France : c'est celui où, conformément à l'article 13 du Code civil, il aura obtenu, à cet effet, l'autorisation du gouvernement.

Mais, en dehors de ce cas, l'étranger peut-il, en fixant en France son principal établissement, y acquérir un domicile susceptible de rendre applicable à sa succession la loi française ? Une première opinion, à laquelle se rallie la majorité de la jurisprudence, le lui dénie : l'étranger, non autorisé conformément à l'article 13, ne pourrait jamais avoir en France qu'un domicile de fait, quelque prolongée que fût sa résidence ; et, par suite, ce serait la loi du lieu où il a conservé son domicile légal, en général la loi de son pays d'origine, qui régirait sa succession.

Pour arriver à cette conclusion, on invoque l'article 13 : il prévoit restrictivement, dit-on, les conditions de l'acquisition du domicile par un étranger. Cette interprétation de l'article 13 n'est nullement contredite, ajoute-t-on, par l'article 102 C. civ. qui est relatif à une hypothèse toute différente, au domicile du Français, ainsi d'ailleurs que ce texte le spécifie formellement.

On se base en outre sur le caractère même du domicile qui serait une institution de pur droit civil, *stricto sensu*, refusée en principe par conséquent aux étrangers (11, C. civil).

Enfin on déclare que l'article 13, ainsi que nous le prouvent les travaux préparatoires, a bien pour but d'interdire le domicile en France aux étrangers qui ne présenteront pas des garanties d'honorabilité suffisantes ; et on cite à cet égard les paroles suivantes prononcées par Gary au corps législatif (1) : « J'observe sur l'article 13 qu'il n'y a aucune objection contre la disposition qui veut que l'étranger ne puisse établir son domicile en France s'il n'y est admis par le gouvernement : c'est une mesure de police et de sûreté autant qu'une disposition législative. Le gouvernement s'en servira pour repousser le vice et pour accueillir uniquement les hommes vertueux et utiles, ceux qui offriront des garanties à leur famille adoptive. »

Tels sont les principaux arguments que résument généralement les arrêts qui adoptent cette doctrine (2).

Mais la jurisprudence n'a pu rester logique avec elle-même : si elle a presque toujours jugé que l'étranger non autorisé n'avait pas en France de domicile légal suffisant pour faire appliquer à sa succession la loi française : elle a dû décider souvent pour des motifs

(1) Locré, tome I, p. 475, n° 9.

(2) Cass. 21 juin 1865. D. 65, 1, 418. — Paris, 14 juillet 1871, précité. Cass. 1 mars 1872, D. 74, 1, 465. — Cass. 7 juillet 1874, S. 75, 1, 19. — Bordeaux, 24 mai 1876, S. 77, 2, 109. — Aix, 27 mars 1890, *Journ. dr. int. pr.*, 1891, 210. — Cass. 12 janv. 69, D. 69, 1, 294.

d'utilité pratique que l'étranger pouvait avoir néanmoins un domicile produisant certains effets ; donner compétence aux tribunaux de ce domicile pour la liquidation de sa succession par exemple (1).

Il est difficile de trouver de justification juridique de cette distinction de deux domiciles produisant des effets différents.

Aussi préférerions-nous, à tous points de vue, nous rallier à la théorie contraire qui reconnaît à l'étranger la faculté d'acquérir un domicile en France.

Il est facile d'écarter les textes qu'invoque la jurisprudence : l'article 13 n'est nullement relatif à la question même du domicile ; il a seulement pour but de dire à quelles conditions l'étranger aura en France la jouissance des droits civils qui lui est en principe refusée. Ce texte règle une question de capacité, question en quelque sorte connexe aux questions de naturalisation, créant pour les étrangers qui veulent devenir français une situation plus favorable, leur permettant de subir le stage préalable que leur impose la loi.

Ce sens de l'article 13 est bien établi par les travaux préparatoires.

Dans le projet primitif du Code civil, l'article 13 était conçu de la façon suivante : « L'étranger qui aura fait la déclaration de vouloir se fixer en France pour y devenir citoyen et qui y aura résidé un an depuis cette déclaration y jouira de la plénitude des droits civils. » Sans dificulté, il est évident que ce texte primitif ne visait que la condition civile de l'étranger accomplis-

(1) Caen, 12 juillet 1870, S. 71, 1, 57. — Cass. 19 mars 1872 précité. — Bordeaux, 1er juin 1898 (*Gaz. Trib.*, 25 août 98).

sant le stage préalable à la naturalisation, Mais le premier Consul jugea que les conditions aux quelles était subordonnée cette capacité des étrangers offraient trop peu de garantie, et, dans un but d'intérêt général, il remplaça la simple déclaration faite par l'étranger par une autorisation du gouvernement : de là, le texte actuel de l'article 13. — C'est pour expliquer cette modification que Gary prononça les paroles rapportées plus haut et qu'on veut nous opposer. Le but de l'article 13 n'était pas changé, il n'était toujours relatif qu'aux conditions imposées pour la jouissance des droits civils *stricto sensu* aux étrangers demandant la naturalisation, non à l'acquisition même du domicile.

Comme on l'a fait remarquer, la preuve en est d'ailleurs dans les paroles même de Gary qui parle de « famille adoptive ». Ces mots montrent bien qu'il s'agit dans l'article 13 de plus qu'une simple acquisition de domicile.

M. le conseiller Demangeat (1) a écarté, dans les termes suivants, l'objection basée sur l'article 13 : « M. n'avait pas obtenu l'autorisation du gouvernement français d'établir son domicile en France : qu'importe ? Il en résulte qu'il n'avait pas la jouissance des droits civils, mais cela est de nulle importance quand on se demande suivant quelle loi doit être dévolue sa succession. C'est ici une question de statut non une question de jouissance ou de privation de droits civils. »

Quant à l'argument basé sur l'articles 11 du C. civil,

(1) Rapport à la Cour de cassation, S. 82, 1, 147.

il ne nous paraît nullement concluant : le domicile ne nous semble pas un droit civil *sritcto sensu* En effet, la législation de tous les pays fixe nécessairement à chaque personne un siège légal pour l'exercice de ses droits. On peut donc dire que le domicile est une institution du droit des gens, et dès lors non refusée en principe aux étrangers en France.

Aucun texte ne refusant à l'Etranger la faculté d'acquérir un domicile en France, nous restons donc en présence du droit commun ; conformément aux articles 102 et suivants du Code civil, le domicile s'établit par le fait de résider dans un lieu et l'intention d'y établir son principal établissement. Ces éléments peuvent se trouver réunis chez un étranger aussi bien que chez un Français et dès lors l'étranger peut établir son domicile en France.

Vainement objectera-t-on que l'article 102 qui fixe ainsi les éléments du domicile ne vise que le Français. Cet article ne parle que du Français seul parce que l'acquisition du domicile par un Français est le cas le plus fréquent qui puisse intéresser le législateur français, et en outre parce que l'article 102 veut nettement établir la distinction entre le domicile civil qu'il prévoit seul (« quant à l'exercice de ses droits civils ») et le domicile politique dont les conditions sont réglées par les lois constitutionnelles. Or, il aurait été contradictoire de faire cette distinction relativement à l'étranger qui n'a jamais la jouissance des droits politiques (1),

(1) Fenet, tome VII, page 326.

On a enfin prétendu que l'étranger ne réunirait jamais en lui les éléments qui sont la condition nécessaire du domicile, parce qu'il ne s'établira jamais en France sans avoir la pensée de revenir à une èpoque quelconque dans sa patrie. — Mais l'absence d'esprit de retour, l'intention de résider toujours au lieu où l'on s'établit ne constitue pas un élément du domicile : l'article 109 le prouve bien : le majeur qui sert habituellement chez autrui a certainement l'intention de retourner un jour dans son pays d'origine : cependant il acquiert un domicile dans la demeure de son maître.

Notons enfin que l'art. 4 de la loi du 23 août 1851, — qui est à la vérité une loi fiscale — reconnaît nettement que l'étranger peut être domicilié en France sans autorisation.

Nous concluons donc que l'étranger pourra acquérir un domicile en France sans autorisation ; et, la meilleure solution du système traditionnel consisterait à soumettre sa succession mobilière à la loi de ce domicile.

Les arrêts qui ont statué en ce sens sont fort rares : cette théorie a été adoptée surtout en doctrine (1).

B. Français à l'étranger.

Le Français peut-il acquérir un domicile à l'étranger ? M. Demolombe l'a nié en disant que le Français ne s'établirait jamais à l'étranger d'une façon fixe et durable, ayant au contraire toujours le désir et l'espoir

(1) Champcommunal, *Loc. cit.* p. 320. — Renault, *loc. cit.*, p. 422. Riom, 7 avril 1835, S. 35, II, 374. — Paris, 3 août 1849, D. 49, II, 182. — Alger, 20 fév. 1875, *Journ. dr. int. pr.*, 1875-275.

de revenir dans sa patrie. Mais nous avons montré que l'absence d'esprit de retour dans un autre lieu n'est pas une condition essentielle du domicile.

On a invoqué aussi l'ancien texte de l'article 17 du Code civil, suivant lequel le Français qui s'établit à l'étranger sans esprit de retour perd la qualité de Français. Cet argument n'a pas plus de valeur que le précédent : l'article 17 laisse en dehors de ses prévisions la situation du Français qui s'établit à l'étranger avec la pensée de rentrer un jour en France et rien ne prouve que ce Français ne puisse acquérir de domicile.

Aussi le système de M. Demolombe n'a-t-il pas prévalu : en l'absence de texte interdisant au Français d'aller s'établir à l'étranger, le droit commun reste applicable ; dès lors, le Français aura son domicile au lieu où il fixera son principal établissement avec l'intention d'y résider, en quelque Etat que ce lieu soit situé.

La jurisprudence a unanimement décidé que la loi du domicile du Français, ainsi acquis à l'étranger, régirait toujours sa succession mobilière (1).

Telles sont les deux variantes du système traditionnel : dans tous les cas, la succession immobilière est régie par la loi territoriale ; mais la succession mobilière est, d'après les uns, dévolue suivant la loi du domicile du défunt, d'après les autres, suivant sa loi nationale.

APPENDICE

Il existe certaines situations particulières dans les-

(1) Voir notamment : Cass. 27 avril 1868. D. 68, I, 302. — Pau, 22 juin 1885, *Journ. dr. int.*, 1887, 479.

quelles le principe quelconque adopté pour résoudre le conflit des lois successorales pourra présenter quelque difficulté dans son application.

Il arrive souvent qu'un individu décède dans un pays où il n'est même pas domicilié sans qu'il soit possible de connaître sa nationalité : il arrive même que cet individu n'ait réellement aucune nationalité ou en ait plusieurs.

Dans ces cas, il est impossible d'appliquer les systèmes généraux que nous avons proposés ; on admet alors généralement pour des motifs de nécessité pratique que la loi du lieu de la résidence habituelle du défunt sera applicable à sa succession (suivant la jurisprudence, à la succession mobilière seulement ; les immeubles restant régis par la loi territoriale) (1).

M. Demolombe a soutenu qu'il devait être dérogé aux règles de droit commun en faveur de l'étranger domicilié en France en vertu d'une autorisation du gouvernement : la succession de cet étranger serait soumise aux lois qui régiraient la succession d'un Français (2).

Nous avons montré que l'autorisation à domicile accordée conformément à l'article 13 n'avait pour but que d'accorder à l'étranger la jouissance des droits civils *stricto sensu* : il ne s'agit nullement là de déterminer

(1) *Trib. Seine*, 19 nov. 1895. *Journ. dr. int.*, 1897, p. 816. — Paris, 7 mai 1897. Pand. fr. 1898, V, 6. — Trib. Seine, 13 janv. 1898. *Journ. dr. int.*, 1898, 550. Voir aussi : Cass. 29 juin 1893. *Journ. dr. int.*, 1895, p. 390.

(2) Voir à ce sujet : Cass. 29 juin 1893, précité.

suivant quelle loi l'étranger exercera les droits dont la jouissance lui est ainsi concédée. C'est là un nouvel exemple de la confusion si fréquente entre la question de la capacité et la question de la loi applicable en cas de conflit.

DEUXIÈME PARTIE

APPLICATIONS DU PRINCIPE ET RESTRICTIONS QU'IL COMPORTE

Nous avons pu, en écartant l'examen de toutes les questions de détail, poser dans notre première partie une règle générale destinée à résoudre les conflits de lois en matiére de succession. C'est en nous référant toujours en principe à cette règle, sauf à lui faire subir les atténuations signalées dès le début de cette étude, que nous allons aborder l'examen des difficultés multiples que soulève en notre matière chaque question spéciale.

Nous étudierons dans deux titres successifs les successions *ab intestat* et les successions testamentaires ; et, dans chacun de ces titres, nous grouperons les principales questions dans des chapitres distincts.

Nous examinerons enfin dans un appendice deux points spéciaux et ne touchant pas au fond même du droit, questions d'ailleurs communes aux successions *ab intestat* et testamentaires.

TITRE PREMIER

Des successions ab intestat

—

CHAPITRE PREMIER

OUVERTURE DE LA SUCCESSION — QUALITÉS REQUISES POUR SUCCÉDER

I. La loi successorale (1) déterminera en principe le lieu et le moment de l'ouverture de la succession et les causes de cette ouverture. Le système traditionnel aura donc ici cette conséquence étrange que la succession d'une même personne pourra être ouverte relativement à certains biens seulement.

Mais il faudra que la cause d'ouverture de la succession ne soit pas contraire à l'ordre public international du pays où on l'invoquera, c'est-à-dire « à l'ensemble des règles légales, qui, étant données les idées particulières admises dans ce pays, sont considérées comme touchant

(1) Il nous arrivera souvent d'employer cette expression de « loi successorale » comme désignant la loi qui en principe régit la succession, c'est-à-dire la loi nationale du défunt à notre avis ; la loi territoriale pour les immeubles et la loi du domicile pour les meubles, suivant la jurisprudence générale.

aux intérêts essentiels de ce pays. » (Despagnet, *Traité*, p. 175).

C'est pourquoi on décide unanimement que les Tribunaux français ne pourront pas considérer comme ouverte la succession d'un individu déclaré mort civilement par les lois de son pays, (la mort civile existe encore en Russie). La mort civile est en effet regardée en France, depuis la loi du 31 mai 1854, comme une institution immorale.

Nous considérerons également comme contraire à l'ordre public l'ouverture de la succession résultant de l'entrée en religion d'une personne, pourvu toutefois que cette personne ne puisse pas être considérée comme ayant fait donation universelle de ses biens à ses héritiers.

II. C'est encore à la loi successorale qu'il faudra se référer pour savoir s'il existe une présomption légale de survie dans le cas où plusieurs personnes, appelées à se succéder réciproquement et ayant chacune des héritiers différents, sont mortes dans le même événement, sans qu'il soit possible de déterminer laquelle a survécu.

Les présomptions de survie « se rapportent en effet pleinement à la matière des successions » ; elles règlent en somme la dévolution des biens dans un cas spécial et dès lors la loi successorale doit être suivie (1).

(1) En ce sens : Antoine (De la succession légitime ou testamentaire en droit international privé). *Thèse*, Nancy, 1876. — Pillet (Des successions en droit international privé). *Thèse*, Rennes, 1885. — Despagnet, *Précis*, p. 564. — De Bustamente (Des conflits de lois relatifs à la présomption de survie des comorientes). *Rev. pr. dr. int. pr.*, 1892, 2, 83. — Weiss (*Traité élémentaire de dr. int. pr.*), p. 692.

Voir aussi : Baudry-Lacantinerie et Wahl, *loc. cit.*, tome I, p. 81.

En conséquence, si par exemple deux Espagnols ou deux Italiens mouraient en France dans le même événement, nous les supposerions, conformément à leur loi nationale, décédés au même instant.

On a parfois prétendu que la loi qui édicte les présomptions n'est qu'une loi de procédure ; les auteurs du Code civil notamment, dit-on, n'ont eu pour but, dans les articles 720 et s., que d'empêcher des procès interminables à raison de la difficulté de preuves, que soulèveraient les héritiers à ce sujet.

Il suffit de remarquer, pour écarter cette objection, que la présomption de survie n'a d'effet que « lorsqu'il a été impossible de reconnaître en fait quelle personne est décédée la première. » Le législateur n'a donc pas véritablement craint les difficultés et longueurs d'enquêtes à ce sujet, puisqu'il suppose que ces enquêtes n'ont pas abouti et que par conséquent elles ont eu lieu.

Une autre opinion soutenue en Bavière (voir *Journ. dr. int. pr.* 1892, p. 1046) a voulu appliquer ici la loi du domicile de l'héritier prétendant que la persomption règle une question de capacité. MM. Baudry-Lacantinerie et Wahl font justement remarquer que la présomption est au contraire relative à une pure question de dévolution.

La jurisprudence qui, à notre connaissance, ne s'est pas encore prononcée sur la question ferait probablement sa distinction habituelle entre les meubles et les immeubles.

Notre solution soulèvera une grave difficulté quand les deux comorientes seront, de nationalité différente, seront par exemple, un Français et un Espagnol. Appliquera-t-on la loi française qui établit un système compliqué de présomptions ou la loi espagnole qui suppose les comorientes décédés au même instant?

Comme l'a fait remarquer M. Weiss, il faut pour résoudre cette difficulté partir de ce point de vue que les présomptions sont de droit étroit. Or le législateur, en posant les présomptions de survie ou de simultanéité des décès, règle en somme la dévolution des successions des deux comorientes : il n'a donc nésessairement en vue que les cas où les deux comorientes sont soumis à la loi qu'il édicte quant à la dévolution de leurs successions. On ne peut pas étendre la présomption de survie au cas où les comorientes sont de nationalité différente, hypothèse qui est en dehors du cas prévu par la loi.

Il en résultera que, d'une part, aucune des deux règles contraires relatives à la survie n'étant applicable, d'autre part, les circonstances de fait ne fournissant aucune indication utile, les deux décès devront être réputés survenus au même instant.

Cette solution, adoptée par M. Weiss, a été combattue par MM. Baudry-Lacantinerie et Wahl et M. de Bustamente. Ces auteurs, après avoir reproché au système que nous avons exposé d'être arbitraire, proposent d'appliquer distributivement à chacun des comorientes sa loi personnelle. Nous ne voyons pas comment cette doctrine qui, contrairement aux principes élémentaires du droit, étend les présomptions en dehors de leur domaine strict, aidera à sortir de la difficulté. Appliquons-la à l'exemple cité plus haut où l'un des comorientes est Français et l'autre Espagnol.

Selon M. de Bustamente, la succession de l'Espagnol

sera régie par la loi espagnole : donc l'Espagnol sera présumé être décédé au même instant que le Français ; l'Espagnol n'aura aucun droit à la succession du Français et la succession de l'Espagnol ira tout entière à ses héritiers personnels.

La succession du Français sera régie par la loi française. Donc, conformément aux articles 720 et s., le Français sera présumé avoir survécu à l'Espagnol ou lui être prédécédé. Si le Français est présumé être prédécédé, aucune difficulté : les héritiers personnels de l'Espagnol pourront réclamer la succession du Français. Mais supposons que le Français soit présumé avoir survécu à l'Espagnol ; les héritiers personnels du Français pourront évidemment recueillir la succession du Français ; mais pourront-ils aussi en outre réclamer la succession de l'Espagnol ? On ne résoud pas la difficulté ; car, on a bien déclaré d'une part que la succession du Français, régie par la loi française, comprend les biens dépendant de la succession espagnole. Mais on a dit d'autre part que la succession espagnole devait être dévolue aux héritiers personnels de l'Espagnol.

Nous écarterons donc un système qui, sans avoir le mérite de se baser sur un argument juridique sérieux, retarde peut-être la difficulté pratique, mais ne la résoud pas.

III. — Quelle loi déterminera les conditions de capacité exigées des héritiers pour venir à la succession ?

Il semble au premier abord que ces questions de capacité sont étroitement liées à la dévolution même de la succession et doivent par conséquent être régies par la même loi. Une personne déclarée incapable de succéder n'est-elle pas en effet dans la même situation que si elle n'était pas appelée à la succession ? Quelle différence y a-t-il entre la loi qui déclare la femme incapable de succéder et la loi qui n'admet la dévolution qu'au profit des mâles ?

Ce sont ces considérations qui ont évidemment amené la Jurisprudence à faire dépendre de la loi successorale la capacité des héritiers.

La Cour de cassation a formulé nettement cette doctrine dans un arrêt du 31 mars 1874 (1). Il s'agissait, dans l'espèce, de la succession d'un Israélite décédé en Algérie, laissant des enfants israélites : les Israélites étaient, d'après la législation alors en vigueur, soumis en Algérie à leurs lois personnelles, c'est-à-dire aux lois hébraïques, quant au statut personnel ; et à la loi française quant au statut réel. — Or, si la femme est capable de succéder suivant la loi française, elle en est incapable d'après la loi hébraïque. La question se posait donc de savoir quelle loi on appliquerait à une fille du défunt. La Cour de cassation décida que la loi successorale, c'est-à-dire la loi française (la succession étant d'après la jurisprudence une matière de statut réel), devait régir les conditions de capacité exigées de l'héritier : « Attendu que les lois qui règlent la transmission héréditaire se rattachent indistinctement au statut réel dans toutes leurs parties, même celles qui édictent des incapacités de succéder (2). »

M. Champcommunal ()3, qui, en principe, admet le

(1) Cass. 31 mars 1874, D. 74, 1, 299.

(2) Voir dans le même sens : Antoine, *loc. cit.*, n° 74 et relativement à l'incapacité des religieux : Trib. Nice, 9 mars 1863. *Gaz. Trib.*, 2 avril 1863.

(3) *Loc. cit.*, p. 339 et s.

système traditionnel quant à la dévolution de la succession, applique ici la loi nationale de l'héritier. Il invoque pour cela l'autorité de l'ancien droit, déclarant qu'aux XVIIe et XVIIIe siècles les incapacités successorales étaient sans controverse régies par le statut personnel de l'héritier. M. Champcommunal déclare en outre que le système de la jurisprudence produira des résultats contradictoires, un même héritier étant pour la même succession déclaré capable et incapable. Nous ne déplorons pas moins que M. Champcommunal ces effets malheureux du système traditionnel, mais, à la différence de cet auteur, nous les trouvons aussi choquants sur les autres points.

L'argument tiré de l'ancien droit n'a pas à nos yeux une force probante considérable, d'autant plus que l'accord des anciens auteurs n'était peut-être pas si unanime sur ce point. Mais le dernier motif invoqué par M. Champcommunal nous paraît décisif et nous ne comprenons pas qu'en présence de l'article 3, absolument général, on puisse décider que la capacité successorale des héritiers est régie par une autre loi que leur loi nationale.

Certainement, au point de vue pratique, le résultat est le même si on écarte un héritier comme non compris par la loi successorale dans la dévolution de la succession, ou si on le déclare incapable de succéder. Mais, au point de vue juridique, il y a là deux questions absolument différentes qui, sans contradiction, peuvent être régies par des lois différentes. Nous avons vu que le Code civil nous impose la loi nationale du défunt quant à la dévolution de la succession. L'article 3 nous oblige à soumettre la capacité de l'héritier à la loi nationale de l'héritier lui-même (1). On objecte bien que l'incapacité de l'héritier se résoud en somme en une incapacité du défunt de laisser sa succession à cet héritier, et que, par suite, c'est la loi nationale de l'héritier qu'il faudra appliquer. En réalité, « il s'agit non pas de la capacité de laisser une succession, mais de la capacité de succéder : la déchéance frappe l'héritier et non pas le défunt ».

La solution que nous proposons n'est nullement contraire d'ailleurs au système que nous avons admis quant au fondement de la succession. C'est la loi nationale du défunt qui, constituant sa famille, fixe la dévolution de sa succession. Mais, pour exercer les droits qui lui sont ainsi conférés virtuellement, l'héritier doit en avoir la capacité, et c'est sa loi nationale qui, suivant le droit commun, régira ici comme toujours sa capacité.

La loi quelconque qui fixera les cas d'incapacité de l'héritier, ne pourra naturellement pas être appliquée par les Tribunaux français quand elle sera contraire à l'ordre public international.

Ainsi, tous les hommes étant, en France, égaux devant la loi, sans distinction de couleur, de religion, ni d'opinion, nous écarterions les lois frappant d'incapacité les hommes de couleur, les hérétiques, les proscrits politiques.

D'après certains auteurs, l'incapacité résultant de la mort civile ne pourrait pas être reconnue en France : les travaux préparatoires de la loi du 31 mai 1854 et

(1) En ce sens : Baudry Lacantinerie et Wahl, *loc. cit.*, I, p. 164. — Weiss, *loc. cit.*, p. 693.

l'effet rétroactif, donné aux dispositions de cette loi, montrent bien que la mort civile est considérée par le législateur français comme une institution immorale. En réalité, il nous semble que le législateur français a écarté la mort civile en tant qu'elle produit l'incapacité générale du condamné, faisant de lui un être physique sans existence juridique. Mais la loi n'a nullement considéré comme contraires à l'ordre public les incapacités partielles : c'est ainsi que dans une matière très voisine de la nôtre, la loi du 31 mai 1854 déclare les condamnés à une peine criminelle perpétuelle incapables de recevoir par donation ou testament. Nous concluerons donc que les lois étrangères frappant à titre de déchéance pénale certaines personnes de l'incapacité de succéder *ab intestat,* ne seront pas contraires à l'ordre public international.

Remarquons d'ailleurs que la question que nous venons d'examiner ne se posera même pas pour les auteurs qui, suivant la jurisprudence générale, estiment que les jugements rendus en matière criminelle par un Tribunal quelconque ne produiront leurs effets que dans les limites du territoire de l'Etat où les condamnations auront été prononcées.

Au contraire, l'incapacité résultant de l'entrée en religion ne devrait pas être admise en France. Vainement objecterait-on alors que l'incapacité est volontaire : suivant M. Champcommunal, la liberté n'est pas aliénable.

Il serait d'ailleurs inutile de faire ici une énuméra-

(1) Champcommunal, *loc. cit.*, p. 346. — Weiss, *loc. cit.*, p. 693. — Antoine, *loc. cit.*, p. 86.

tion complète des incapacités qui n'auront pas d'effet en France ; car la notion d'ordre public est essentiellement variable dans le temps. Il faudra donc, quand une de ces questions sera soulevée, se demander si la loi étrangère dont on propose l'application ne heurte pas un principe considéré à ce moment par le législateur ou même par l'opinion publique comme une base essentielle de l'ordre moral ou social.

IV. L'indignité, étant une restriction à la capacité de succéder, devra être, comme l'incapacité, régie par la loi nationale de l'héritier, conformément à l'article 3-3° du Code civil (1).

L'ordre public ne s'opposera pas à ce que les Tribunaux français appliquent des lois étrangères établissant des causes d'indignité que n'admet pas la loi française (par exemple, la loi italienne écarte l'héritier qui a contraint le *de cujus* à tester ou a altéré son testament ; — la loi espagnole exclue la veuve dont la conduite est immorale). En effet, l'ordre social d'un pays peut être ébranlé, et la conscience publique peut être choquée par ce fait que des dispositions, considérées comme utiles ou morales, ne seraient pas observées en France ; mais l'application de règles d'une morale plus raffinée ne peut être que de bon exemple.

Inversement, il faudrait considérer les dispositions de l'article 727 du Code civil comme règles d'ordre public, devant être observées dans tous les cas par nos Tribunaux.

(1) Weiss, *loc. cit.*, p. 694. — Baudry-Lacantinerie et Wahl, *loc. cit.*, I, p. 207. — Champcommunal, *loc. cit.*, p. 349.

CHAPITRE II

DÉVOLUTION

Nous avons montré, dans notre première partie, que la dévolution de la succession étant modelée sur l'organisation de la famille, devait être régie par la loi nationale du défunt.

Nous savons que la jurisprudence applique au contraire la loi territoriale à la dévolution des immeubles et la loi du domicile légal du défunt à celle des meubles. Une même personne pourra donc avoir des héritiers différents suivant la nature des biens qu'elle laissera : plus exactement, le défunt laissera plusieurs successions qui seront réglées indépendamment les unes des autres.

C'est donc, à notre avis, la loi nationale du défunt qui déterminera quelles personnes sont parentes et par suite héritières, résoudra les questions d'ordre de degré, de fente ou de refente, de représentation.

Jusqu'à quel degré les collatéraux pourront-ils être appelés ? Les lois des divers Etats sont très différentes à cet égard : en Italie la limitation est fixée au dixième degré, en Bavière au contraire il n'y a aucune limitation. Nous pensons que cette question se rattache directement à la constitution légale de la famille, non à la capacité des héritiers, et doit être résolue dès lors par l'application de la loi nationale du défunt.

On a en effet prétendu parfois qu'un Bavarois, cousin au quatorzième degré d'un Français, pouvait recueillir la succession de ce dernier. En effet, a-t-on dit, il y a dans le Code civil deux dispositions différentes à distinguer : d'une part, le Code civil appelle les collatéraux à la succession de leur parent ; d'autre part, le Code civil déclare qu'au delà du douzième degré les collatéraux ne seront plus successibles. Mais cette dernière disposition n'est relative qu'à l'état des personnes, non applicable par conséquent aux étrangers. Dans notre espèce, nous restons en présence de la première disposition seule : les collatéraux sont héritiers. — Le Bavarois, cousin au quatorzième degré, peut-il être considéré comme collatéral ? Oui — car c'est là une question d'état que peut seule régir sa loi nationale.

Ce raisonnement habile ne nous arrêtera pas : la distinction qu'on prétend trouver dans le Code civil n'existe pas ; le Code civil n'appelle pas les collatéraux sans distinction à la succession, déclarant ensuite que seront seuls parents légalement les collatéraux jusqu'au douzième degré. — L'article 775 déclare successibles uniquement les collatéraux au douzième degré. — Faire venir à la succession un Bavarois, cousin au quatorzième degré, ce serait en somme appliquer la loi bavaroise à une succession qui, par hypothèse, est soumise à la loi française.

Les tribunaux devront naturellement écarter les lois

étrangères qui porteraient atteinte à l'ordre public international. Il en serait ainsi notamment des lois qui reconnaissent à l'ancien maître de l'esclave affranchi un droit de succession sur les biens de ce dernier (loi tunisienne) ; il est en effet incontestable que l'esclavage est considéré en France comme immoral et ne peut, dès lors, être la base d'aucun droit (1).

Nous estimons au contraire qu'une loi étrangère admettant un privilège d'aînesse ou de masculinité pourrait produire ses effets en France. Il serait en effet contraire au droit public français que les divers membres d'une famille française, c'est-à-dire régie par la loi française, n'eussent pas des droits égaux dans les successions auxquelles ils sont appelés. Mais nos lois n'ont pas eu pour but de gouverner la constitution des familles étrangères, qui sont régies uniquement par leur loi nationale ; il est indifférent à l'ordre social et politique de la France que des familles étrangères soient constituées sur un principe aristocratique (2). Suivant le mot de Laurent, « que le législateur français veuille démocratiser la France, rien de plus juste. Mais peut-il avoir la même prétention pour les étrangers ? Non. A leur égard, la personnalité reprend son empire. »

Remarquons qu'il pourra résulter de notre théorie que le privilège d'aînesse ou de masculinité s'applique même à des héritiers français (le *de cujus* étant naturellement étranger). C'est en effet comme membres d'une famille étrangère que les héritiers, quelle que soit leur propre nationalité, sont appelés à la succession de

(1) Trib. Tunis, 2 fév. 1889. — « La loi » 14 mars.

(2) En ce sens : Champcommunal, *l. c.*, p. 365. — Renault, *Journ. dr. int. priv.*, 1875, p. 334. — *Contrà* : Weiss.

leur parent étranger ; et dès lors le principe fondamental de l'égalité des membres d'une même famille française ne sera pas violé.

C'est encore la loi successorale qui fixera les droits successoraux des enfants naturels. Mais la plupart des auteurs décident qu'en tout cas la part recueillie par les enfants naturels en France dans une succession quelconque ne pourra être supérieure à la part que le Code civil attribue aux enfants naturels. — La limitation des droits successoraux des enfants naturels posée par la loi française a en effet pour motif, dit-on, « le respect dû au mariage ». Cette limitation est donc d'ordre public absolu (1).

Cette argumentation était excellente sous l'empire du Code civil ; elle nous semblerait contestable depuis que la loi du 25 mars 1896, en modifiant l'article 908, a permis aux enfants naturels de recueillir des legs supérieurs à leur part de succession *ab intestat*. Il semble que désormais la limitation des droits des enfants naturels à la quotité fixée par la loi successorale française n'est plus imposée par « le respect dû au mariage ».

Le même raisonnement nous conduirait au contraire à refuser dans tous les cas aux enfants adultérins et incestueux une part successorale quelconque et à restreindre leurs droits à une simple créance alimentaire (2).

L'enfant naturel établira sa filiation conformément à sa propre loi : c'est là, en effet, une question d'état

(1) En ce sens : Weiss, *l. c.*, p. 695. — Champcommunal, *l. c.*, p. 367.
(2) En ce sens : Champcommunal, *l. c.*, p. 368 ; *contra* : B. Lacantinerie et Wahl. *l. c.*, I, p. 520.

soumise à la loi nationale de l'intéressé, par l'art. 3-3°, C. civ.

Les droits du conjoint survivant sur la succession de son époux prédécédé, seront réglés par la loi successorale, à condition qu'il s'agisse bien de droits successoraux, et non de gains de survie conventionnels. Dans ce dernier cas, il faudra appliquer la loi du régime matrimonial, ou la loi du contrat s'il y a eu convention expresse.

C'est ainsi que le droit d'usufruit, conféré à l'époux par l'article 767 du C. civ., étant un droit de succession d'après l'opinion générale, n'existera que dans les successions régies par la loi française (1).

Le droit de pension alimentaire, accordé par l'article 205 à l'époux survivant, sur la succession de son conjoint prédécédé, nous semble, au contraire, avoir le caractère non d'un droit successoral, mais en quelque sorte d'une mesure de police : il serait contraire à la morale et blessant pour la conscience publique de voir un veuf ou une veuve vivre dans la misère, alors que la succession du conjoint prédécédé enrichit les parents héritiers. C'est pourquoi nous déciderons que, dans tous les cas, le conjoint, quelle que soit sa nationalité, aura droit, en France, à cette pension, conformément à l'article 3-1° C. civ. (2).

L'exercice du droit d'usufruit légal de l'article 767

(1) En ce sens : *Trib.* Nancy, 4 mars 1896, *Journ. dr. int. pr.*, 1896, 638.

(2) Le Tribunal d'Oran, 17 juillet 1893, et la Cour d'Alger, 27 fév. 1894, ont au contraire décidé que la disposition de l'art. 2, loi du 9 mars 1891, constituait une obligation purement civile, dont le bénéfice est refusé aux étrangers en France.

peut donner lieu à une difficulté quand il s'agira d'une succession régie par la loi française, mais comprenant des biens situés en France et à l'étranger. Comment calculera-t-on alors le montant du droit? La solution qui nous paraît la meilleure consistera à faire, conformément au droit commun, une masse de tous les biens soumis à l'usufruit suivant 767, sans distinguer entre les biens situés en France ou à l'étranger, et à calculer ensuite sur cette masse la quotité des droits du conjoint.

Evidemment, si la majorité des biens est située à l'étranger, dans des pays dont la législation n'accorde au conjoint survivant aucun droit d'usufruit, l'époux n'exercera peut-être pas intégralement son droit d'usufruit ainsi calculé ; mais il aura alors la ressource, soit d'exercer le prélèvement prévu par l'article 2 de la loi du 14 juillet 1819 (au moins suivant l'opinion générale), soit de poursuivre le paiement de la créance alimentaire que lui accorde l'article 205.

D'après le système adopté par la Jurisprudence générale, il ne faudrait probablement pas faire entrer dans la masse sur laquelle sera calculée la quotité du droit d'usufruit, les immeubles situés à l'étranger, car ces immeubles constituent une succession absolument distincte de celle qui comprend les biens français. Telle est, du moins, la solution que nous semblerait comporter logiquement le système général de la jurisprudence ; mais nous ne connaissons aucun arrêt sur la question (1).

(1) Voir Milhaud, Applications de la loi du 9 mars 1891 dans les rapports internationaux. *Journ. dr. int. pr.*, 1891, p. 495.

A défaut de parents et de conjoint, les législations attribuent généralement la succession à l'Etat. Mais quel Etat succèdera? celui dont le défunt est sujet, ou celui sur le territoire duquel les biens sont situés?

La solution de cette question dépend de la base sur laquelle on fait reposer le droit de l'Etat. L'Etat doit-il être considéré comme un héritier du défunt, suivant le dicton populaire « l'Etat est le cousin de tout le monde », le droit de l'Etat sera alors un véritable droit de succession *ab intestat*, et la loi successorale s'appliquera : l'Etat dont le défunt était sujet succèdera.

L'Etat ne recueille-t-il, au contraire, les biens héréditaires que dans un but d'intérêt général, comme il recueille tous les biens sans maître, pour éviter les usurpations et les querelles que soulèverait l'occupation des biens vacants par les particuliers, le droit de l'Etat est alors une mesure de police, intéressant l'ordre public international, et c'est l'Etat sur le territoire duquel les biens seront matériellement situés qu'il faudra appeler.

Cette dernière solution est certainement celle du Code civil ; elle résulte du rapprochement que l'article 539 fait entre « les biens vacants et sans maître », et « ceux des personnes qui décèdent sans héritier. »

Elle résulte surtout des travaux préparatoires où nous voyons déclarer par le rapporteur du projet dans la discussion au Tribunat : « Ce qui n'appartient à aucun individu, appartient au corps de la Société qui représente l'universalité des citoyens. Jouissant pour l'avantage commun, il prévient les désordres qu'entraîneraient les prétentions de ceux qui s'efforceraient d'être les premiers occupants d'une succession vacante (1). »

(1) Locré, tome V, p. 137.

Le droit de succession de l'Etat français, basé sur des considérations d'ordre public, devra donc être appliqué par nos Tribunaux à tous les biens qui seront situés en France quelles que soient la nationalité du défunt et la loi successorale. On ne tiendra compte que de la situation matérielle des biens corporels. Quant aux créances et valeurs de bourse, on considèrera qu'elles sont situées au lieu où elles doivent être réalisées pratiquement, et on attribuera à l'Etat français les créances qui doivent être exercées en France ; il n'importe pas, en effet, à l'ordre public de la France que des désordres se produisent dans la poursuite des débiteurs de la succession devant des Tribunaux étrangers.

Ce système est généralement admis en doctrine (1) ; MM. Baudry-Lacantinerie et Wahl (2) l'ont contesté relativement aux meubles. Ces auteurs écartent d'abord les arguments que nous avons tiré du Code civil, en disant que le Code civil n'a pas voulu trancher en principe les difficultés de droit international. Nous ne le prétendons pas non plus ; mais le législateur a, en tout cas, posé dans l'article 539 une règle qu'il considérait comme nécessaire au bon ordre de l'Etat : nous avons le droit d'en conclure que cette règle est d'ordre public international.

MM. B. Lacantinerie et Wahl invoquent en second lieu la règle *mobilia ossibus personæ inhærent* ; « les meubles étant censés situés au domicile de leur propriétaire, c'est l'Etat où se trouve le domicile qui succède ».

(1) Despagnet, *l. c.*, p. 767. — Weiss, *l. c.*, p. 695. — Renault, *l. c.*, p. 428. — Champcommunal, *l. c.*, p, 374.

(2) *L. c.*, I, 521. — Note anonyme, *Journ. dr. int. pr.*, 1879, p. 321.

Nous avons contesté que d'une façon générale la règle *mobilia sequuntur personam*, dont on ne trouve aucune trace dans nos lois, fût encore obligatoire d'une façon générale ; mais le fût-elle, elle devrait recevoir exception dans notre cas particulier à raison de la règle d'ordre public formellement posée par l'article 539. Il est impossible de reconnaître l'autorité d'une règle dont le résultat serait de laisser les meubles situés en fait en France exposés à toutes les convoitises des usurpateurs et de provoquer ainsi des troubles que le législateur a voulu précisément éviter.

Enfin MM. B. Lacantinerie et Wahl objectent que notre raisonnement repose sur une pétition de principe ; il suppose *à priori* que l'Etat étranger n'est pas successible, car, si cet Etat est appelé à la succession, les biens ne sont plus sans maître et l'intervention de l'Etat français n'a plus de raison d'être.

En réalité, nous prétendons que le droit de succession de l'Etat est une mesure de police générale — et MM. B. Lacantinerie et Wahl sont de notre avis à cet égard ; comment alors justifier l'intervention d'un Etat en dehors de son territoire pour maintenir la paix publique d'un Etat étranger ?

La jurisprudence a unanimement adopté l'opinion à laquelle nous nous sommes ralliés (1).

La législation française reconnaît actuellement un droit de retour au profit de l'ascendant donateur (747,

(1) Paris, 15 nov. 1833, S. 33, 2, 593. — Trib. Bordeaux, 12 fév. 1852, D. 54, 2, 154. — Cass. 28 juin 1852, S. 52, 1, 537. — Paris, 11 juin 1861. *Gaz. trib.*, 14 juin. — Ord. prés. Trib. Seine, (Référés) 22 juin 1897. *Journ. dr. int. pr.*, 1897, 1034.

C. civ.), des frères et sœurs légitimes de l'enfant naturel (766, C. civ.) et des descendants de l'adoptant (351, C. civ.). Il est aujourd'hui incontesté que ce droit de retour ne portant que sur les biens existant en nature dans le patrimoine du donateur au jour de son décès et ne s'exerçant qu'à la charge de contribuer au paiement des dettes héréditaires est un véritable droit de succession *ab intestat*. Nous soumettrons donc à la loi successorale l'exercice du droit de retour établi par la législation française ou par des législations étrangères dans des conditions analogues (1).

Mais s'il résultait de la loi étrangère que le droit de retour établi par elle dût être considéré comme un droit conventionnel, soit que la loi le dit expressément, soit que ce caractère résultât de l'ensemble des dispositions légales, comme si par exemple le retreyant pouvait exercer son droit même sur des biens aliénés par le donataire et sans contribuer aux dettes, nous n'hésiterions pas à appliquer au droit de retour la loi qui, de droit commun, régit les conventions.

Il est possible que la succession ne soit appréhendée par personne, pas même par l'Etat. Il y aura lieu alors de prendre des mesures destinées à pourvoir à l'administration de cette succession vacante et à la liquider si des créanciers se présentent. En principe, la loi successorale règlera l'organisation de cette curatelle, destinée jusqu'à un certain point à sauvegarder les droits des héritiers éventuels et les tribunaux compétents d'une

(1) En ce sens : B. Lacantinerie et Wahl, *l. c.*, I, p. 518. — Champcommunal, *l. c.*, p. 379.

façon générale sur la succession seront compétents pour ordonner les mesures conservatoires et nommer les curateurs, conformément à la loi successorale.

D'après la jurisprudence sur la compétence judiciaire en matière de succession, les tribunaux du domicile de fait du défunt organiseront la curatelle de la succession mobilière et les Tribunaux de la situation des immeubles, la curatelle de chaque immeuble (1).

Néanmoins, si les Tribunaux compétents en principe ne prenaient aucune mesure à l'égard des meubles, les Tribunaux du lieu de la situation matérielle des meubles pourraient ordonner la constitution de la curatelle ou toute autre mesure provisoire suivant la loi locale ; il y a en effet un intérêt d'ordre public pour le pays où des biens sont situés à ce que ces biens ne restent pas à l'abandon, exposés à toutes les usurpations.

Enfin, conformément au droit commun, les jugements des Tribunaux étrangers relatifs à la curatelle de biens situés en France devront, pour être exécutoires en France, être revêtus de l'exequatur.

La jurisprudence a appliqué ces règles dans une matière voisine, en cas d'administration provisoire durant l'indivision. Nous reviendrons plus loin sur ce point : citons seulement ici un jugement du Tribunal de la Seine du 6 juin 1894 (2), relatif à la curatelle, qui consacre une doctrine différente de la nôtre ; ce jugement considère le curateur nommé à l'étranger comme sans pouvoir sur les meubles situés matériellement en France : les Tribunaux français seuls peuvent régler

(1) Voir B. Lacantinerie et Wahl, II, pp. 371 et 393.

(2) *Journ. dr. int. pr.*, 1895, p. 123. — Dans le même sens Despagnet, *l. c.*, p. 566.

l'administration des biens situés en France, car : « c'est l'ordre public qui ordonne de pourvoir à l'administration de la succession vacante qui est un des éléments de la richesse nationale. C'est une application du droit de souveraineté de l'Etat ; en outre, l'Etat intervient en nommant un curateur pour sauvegarder son droit éventuel à la succession en déshérence ; or, à ce point de vue, il recueille tous les biens matériellement situés en France, sans qu'on ait à tenir compte de fiction *mobilia sequuntur personam.* »

Il faut écarter immédiatement le second motif invoqué dans ce jugement : le curateur est nommé non dans l'intérêt de l'Etat, mais dans celui des héritiers absents ou éventuels et des créanciers. Si on ne prévoyait la survenance d'aucun héritier, l'Etat se ferait vraisemblablement envoyer en possession.

Quant au premier motif, nous admettons bien qu'il est de l'intérêt du pays où les biens sont matériellement situés que ces biens soient administrés. Mais si un curateur a été nommé par un jugement étranger, nous ne voyons plus comment on peut invoquer, pour justifier l'intervention des Tribunaux français, un motif d'ordre public, et dès lors la loi successorale devrait s'appliquer.

CHAPITRE III

ACQUISITION DE L'HÉRÉDITÉ

La transmission de la propriété des biens héréditaires au profit du successeur s'opère de plein droit, suivant toutes les législations. Il ne pourra donc s'élever aucun conflit à cet égard. Mais il n'en sera pas de même de la transmission de la possession ; sur ce point les diverses législations sont très différentes : si le Code civil en effet accorde la saisine aux héritiers légitimes et naturels et exige que les successeurs irréguliers se fassent envoyer en possession, les législations italienne et hollandaise admettent la transmission de la possession de plein droit au profit de tous les successeurs, et les lois autrichienne et russe imposent à tous les successeurs les formalités d'envoi en possession.

Nous pensons que la loi successorale devra toujours régir la transmission de la possession, comme elle régit en principe toutes les questions (1).

Remarquons en effet que la saisine est une consé-

(1) En ce sens ; Weiss, B. Lacantinerie et Wahl, *l. c.*, I, p. 115.

quence de la copropriété familiale : le législateur français accorde la saisine aux héritiers légitimes et naturels parce que ces héritiers, parents du *de cujus*, sont censés continuer la possession qu'avait le défunt. Au contraire les successeurs irréguliers, qui ne sont pas parents, ne peuvent pas être considérés comme continuant directement la possession du défunt : de là, la nécessité d'envoi en possession. — De même, dans les autres pays, suivant la conception que le législeur aura de la famille, les successeurs acquerront ou non la possession de plein droit.

Il est donc logique de soumettre la transmission de la possession à la loi même qui organise la famille et règle la dévolution de la succession. Certains auteurs (1) ont proposé d'appliquer la loi de la situation matérielle des biens, prétendant que la transmission de la possession était une question d'organisation de la propriété, intéressant dès lors l'ordre public.

Mais nous avons déjà fait remarquer que c'était l'organisation de la propriété proprement dite seule qui pouvait intéresser l'ordre public. Il n'est pas indifférent à l'intérêt général d'un pays que tel ou tel droit puisse être exercé sur les biens situés sur son territoire ; par exemple, il semblerait certainement contraire au crédit public qu'un immeuble pût, par suite de substitution, être frappé en France d'inaliénabilité ou d'insaisissabilité. Mais les modes d'acquisition des droits reconnus par la loi française ne sont pas d'ordre public. Comme le font remarquer MM. B. Lacantinerie et Wahl, tout le monde admet qu'une loi étrangère régisse en France

(1) En ce sens : Despagnet, *l. c.*, p. 489. — Antoine, *l. c.*, p. 87. — Champcommunal, *l. c.*, p. 383.

la transmission de la propriété des biens dépendant d'une succession, car ce n'est pas là, dit-on, une question relative à l'organisation de la propriété. *A fortiori*, la loi étrangère pourra régler les conditions de transmission de la possession, sans porter atteinte aux principes d'ordre public.

Objectera-t-on que les formalités de publication de la demande d'envoi en possession édictées par l'article 770 du C. civ., tout au moins devront être observées en France, car elles ont pour but de sauvegarder l'intérêt des tiers? En réalité, ces formalités sont destinées à appeler l'attention des héritiers qui pourraient être lésés par la prise de possession des successeurs irréguliers. Elles sont donc une garantie du droit héréditaire lui-même et doivent être par suite soumises à la loi successorale.

La loi étrangère, qui, par hypothèse, régit la dévolution de la succession, pourrait, sans que le juge français ait le droit de la modifier dans son application, exclure absolument tels héritiers que la loi française appelle ; *a fortiori* cette loi étrangère ne peut être corrigée quand elle se borne à restreindre les garanties qu'auraient possédées ces héritiers si la loi française eût été applicable.

Dans quelle mesure le successeur pourra-t-il accepter ou répudier l'hérédité qui lui est dévolue?

A notre avis, la loi successorale seule déterminera entre quels partis l'héritier pourra choisir ; cette solution, qui est généralement adoptée (1), nous paraît lo-

(1) En ce sens : Champcommunal, *l. c. Contra* : Despagnet, *l. c.*, p. 567. — Note anonyme, *Journ. dr. int. pr.*, 1880, p. 470.

giquement nécessaire : il est naturel que la loi qui appelle les héritiers détermine aussi l'étendue de leurs droits. La faculté d'accepter ou de renoncer à une succession nous paraît étroitement liée à la dévolution même : ce n'est pas là une simple question de capacité chez l'héritier.

C'est pourquoi, la loi russe n'admettant pas le bénéfice d'inventaire, nous n'hésiterions pas à refuser à l'héritier d'une nationalité quelconque la faculté d'accepter bénéficiairement la succession d'un Russe.

Il ne nous semblerait même pas contraire à l'ordre public d'appliquer en France une loi étrangère qui n'accorderait à l'héritier ni la faculté de renoncer, ni même celle d'accepter bénéficiairement, le déclarant héritier nécessaire. Un pareil résultat, reflet d'une puissante constitution de la famille, ne paraît pas contraire aux idées morales généralement admises en France, et l'article 775 ne pose pas une règle de droit international.

La jurisprudence, considérant que chaque groupe d'immeubles situés dans un Etat différent, constitue une succession distincte, permettrait évidemment à l'héritier de prendre à la fois plusieurs partis différents, acceptant la succession ici, la répudiant là ; doctrine qui, combinée avec le système admis quant au paiement des dettes, ouvrira aux fraudes un champ d'action immense.

Supposons une personne décédée sans avoir pris parti sur une succession qui lui était échue (hypothèse de l'art. 781). Quelle sera la situation de ses héritiers relativement à cette succession non encore acceptée ni répudiée? La loi successorale de la personne décédée la première fixera à cet égard les droits des héritiers de la personne décédée en second lieu, car il ne s'agit en somme que de la dévolution de la première succession (1).

La loi successorale du *de cujus* déterminera en outre les effets de l'acceptation ou de la renonciation faite par l'héritier (2), les limites dans lesquelles le parti qu'il a pris est irrévocable, enfin les pouvoirs et les obligations de l'héritier bénéficiaire.

Notons cependant que si la loi étrangère n'imposait pas à l'héritier bénéficiaire l'obligation de remplir des formalités analogues à celles qu'impose la loi française dans l'intérêt des créanciers, lui permettait par exemple de vendre les immeubles à l'amiable, les créanciers pourraient, en France, exiger l'application de la loi française et considérer comme héritier pur et simple l'héritier qui n'aurait pas rempli les formalités prescrites par la loi française, ces formalités étant en quelque sorte d'ordre public (3).

Les formes de l'acceptation et de la renonciation seront soumises à la règle *locus regit actum*. On admet aujourd'hui à peu près unanimement que cette règle, basée sur des raisons de nécessité pratique et non plus sur le principe de la souveraineté territoriale, est facultative dans son application (4).

(1) *Contra* : B. Lacantinerie et Wahl, t. I, p. 329, qui appliquent la loi personnelle de chacun des héritiers, sans donner de motif.

(2) En ce sens : B. Lacantinerie et Wahl, *l. c.*, II, p. 332.

(3) Voir Champcommunal, *l. c.*, p. 393.

(4) Nous étudierons plus spécialement la règle *locus regit actum* à propos de la forme des testaments.

En principe donc, l'acceptation ou la renonciation devront être faites soit dans la forme adoptée par la loi du lieu où réside l'héritier, soit dans la forme établie par la loi nationale de cet héritier (1).

Cette dernière application de la règle ne sera évidemment pas toujours réalisable pratiquement; si la forme établie par la loi nationale de l'héritier suppose le concours d'un officier public qui n'existe pas dans le pays où réside l'héritier, c'est évidemment la loi locale seule qu'il faudra suivre ; par exemple, un Français ne pourra renoncer à une succession suivant la forme française dans un pays où les greffiers n'ont pas compétence pour recevoir les actes de cette nature. Pour que notre règle ait son plein effet, il faudra donc que la forme établie par la loi nationale de l'héritier soit une forme privée, ou que le consul de l'Etat dont l'héritier est sujet ait compétence à l'effet de recevoir les actes publics d'acceptation ou de renonciation suivant sa loi nationale.

L'acceptation ou la renonciation faite suivant ces règles sera suffisante en principe, quels que soient les lieux divers où seront situés les biens héréditaires.

Néanmoins, si la loi du lieu dans lequel la succession s'est ouverte ou dans lequel sont situés des biens héréditaires a organisé certaines formes d'acceptation ou de renonciation dans un intérêt d'ordre public, l'héritier devra observer ces formes (2).

Ainsi, la loi française exige formellement que la renonciation ou l'acceptation bénéficiaire soit faite au

(1) En ce sens : B. Lacantinerie et Wahl, t. II, p. 330. — Weiss, *l. c.*, p. 696. — Champcommunal, p. 389.

(2) En ce sens: Champcommunal, *l. c.*, p. 391.

lieu d'ouverture de la succession et par acte passé au greffe du tribunal. Nous pensons que tout héritier d'une succession quelconque ouverte en France devra, sous peine d'être considéré comme héritier pur et simple, se conformer à ces règles qui ont pour but de sauvegarder l'intérêt des tiers. Même si le *de cujus* n'était pas décédé en France, il serait prudent pour l'héritier de faire une déclaration de renonciation ou d'acceptation bénéficiaire à chacun des greffes des Tribunaux dans le ressort desquels seraient situés des biens héréditaires.

Une convention conclue entre la France et le Brésil, le 10 décembre 1860 (art. 6) donne compétence aux consuls de ces deux pays à l'effet de recevoir les actes de renonciation à succession passés par leurs nationaux. Il semble donc que, en vertu de ce texte exprès, l'héritier brésilien appelé à une succession ouverte en France pourra se dispenser de faire sa renonciation au greffe du Tribunal.

On pense généralement qu'un héritier étranger ne pourra pas accomplir des actes d'héritier sur les biens successoraux, sans être considéré en France comme ayant accepté tacitement, alors même que, suivant le principe *locus regit actum*, ces actes ne seraient pas considérés comme valant acceptation tacite par la loi locale ou par la loi nationale de l'héritier. Cette dérogation au droit commun est encore admise dans l'intérêt des tiers dont il faut protéger la bonne foi (1).

C'est à la loi successorale qu'il faudra se référer

(1) En ce sens : Champcommunal, *l. c.*, p. 389. — Note anonyme; *Journ. dr. int. pr.*, 1880, p. 471. — Voir sur une question analogue; D. 1861, 1, 193.

pour savoir quel délai aura l'héritier pour prendre parti et quelle sera sa situation à l'expiration de ce délai. Il y a là en effet plus qu'une question de forme, une question touchant au fond même du droit; or, c'est la loi successorale qui détermine l'étendue et les conditions d'exercice du droit de l'héritier qu'elle appelle.

Les conditions de capacité exigées de l'héritier pour prendre parti seront régies par sa loi nationale, conformément à l'article 3-3° (1). Cette loi déterminera si la femme doit être ou non autorisée, si le mineur peut accepter purement et simplement, etc.

La loi nationale de l'héritier déterminera aussi quels faits peuvent vicier et rendre annulable le consentement de l'héritier. Nous n'avons pas à examiner ici les difficultés que pourra soulever l'organisation de la tutelle des mineurs étrangers ou les autres questions analogues qui se rattachent à la théorie générale de la capacité.

(1) En ce sens : B. Lacantinerie et Wahl, II, p. 329. Champcommunal, *l. c.*, p. 394.

CHAPITRE IV

DU PARTAGE

I. Dans quels cas les cohéritiers pourront-ils procéder au partage des biens indivis dépendant d'une succession à laquelle ils sont appelés ?

Cette question intéresse la dévolution même de la succession ; il est en effet évident que les droits des héritiers seront plus ou moins étendus selon que ces héritiers auront ou non la faculté ou l'obligation de rester dans l indivision ; c'est donc la loi successorale qu'en principe nous déclarerons applicable.

Mais, en France, l'article 815 du C. civ. a formellement déclaré que nul n'est tenu de rester dans l'indivision, et il est évident que cette règle, édictée dans le but d'assurer la paix publique et une utile organisation de la propriété est d'ordre public international : il n'y a, suivant l'opinion générale, qu'un seul cas où le principe de l'article 815 subira une exception : c'est celui

(1) En ce sens : B. Lacantinerie et Wahl, t. II, p. 330.

où les cohéritiers auront eux-mêmes convenu de rester dans l'indivision pendant une durée maxima de cinq ans (1).

Nous pensons donc que les tribunaux français devront autoriser le partage même entre cohéritiers italiens des biens situés en France dépendant d'une succession italienne, quand même le *de cujus* aurait, conformément à la loi italienne, stipulé que les biens resteraient indivis pendant toute la durée de la minorité des cohéritiers.

La loi anglaise permet de stipuler une indivision perpétuelle ; évidemment une telle convention ne serait pas valable en France ; mais serait-elle entièrement annulable ou seulement réductible à une durée de cinq ans ? Nous pensons que cette convention serait réductible à la période de cinq années en cours au moment de la contestation. Nous appliquerons ici en effet l'article 1660, C. civ., qui n'est pas une règle spéciale à une hypothèse différente de la nôtre, mais une conséquence du principe général que les conventions des parties doivent être interprétées *potius ut valeant quam ut pereant* (1157, C. civ.). Nous ne considérerions la convention comme entièrement annulable que dans le cas où il résulterait explicitement ou implicitement du pacte d'indivision que les parties avaient eu l'intention de considérer l'indivision non comme un état temporaire, mais comme une situation absolument définitive (2).

La loi successorale étrangère reprendra son empire

(1) En ce sens : Weiss, *l. c.*, p. 717. — Despagnet, *l. c.*, p. 572. — Champcommunal, *l. c.*, p. 404. — *Contra* : B. Lacantinerie et Wahl, *l. c.*, t. II, p. 417 (sans motifs).

(2) Voir Demante, t. III, § 139 *bis*, III.

sur les biens situés en France, quand elle sera aussi ou plus restrictive que la loi française. Par exemple, la loi étrangère qui interdirait aux cohéritiers de faire une convention d'indivision pour une durée supérieure à un an ne heurterait en France aucune règle d'ordre public ; elle devrait donc être observée, car « elle sauvegardera mieux l'intérêt économique du pays qui exige que les biens ne soient pas trop longtemps indivis (1) ».

Enfin, le partage ne pourra plus être demandé quand l'un des cohéritiers aura acquis par prescription la propriété divise d'un ou de plusieurs des biens héréditaires : c'est alors, conformément au droit commun, la loi de la situation des biens qui déterminera la durée et les conditions de la prescription (2).

Mais l'action en partage elle-même sera toujours en France considérée comme imprescriptible, car elle sauvegarde l'exercice d'une faculté d'ordre public international.

II. La loi nationale de chaque héritier déterminera les conditions de capacité exigées chez lui pour pouvoir procéder au partage, conformément au système général résultant de l'article 3-3° C. civ. (3).

Quel sera le sort du partage qui aurait été accompli au mépris de cette loi ? Sera-t-il entièrement nul ou vaudra-il au moins comme partage provisionnel ? Il ne s'agit là en somme que de sanctionner les incapacités ;

(1) Antoine, *l. c.*, p. 126.

(2) Voir B. Lacantinerie et Wahl, t. I, p. 430.

(3) En ce sens : B. Lacantinerie et Wahl, *l. c.*, II, p. 487. — Weiss. — Champcommunal, *l. c.*, p. 409.

c'est donc logiquement la loi nationale des héritiers que nous devrons appliquer.

Suivant l'opinion générale (1), il faut voir dans l'article 840 du Code civil une disposition d'ordre public international : c'est dans l'intérêt des tiers que le législateur a donné un effet au moins provisionnel au partage accompli par un incapable : « le but du partage provisionnel est, en sauvant de la nullité les actes d'administration faits par les copartageants sur les biens tombés provisoirement dans leur lot, d'assurer la sécurité des transactions, d'empêcher des recours incessants et ruineux ». Il en résultera que l'art. 840 s'appliquera même aux partages faits en France par des étrangers, quelle que soit la loi nationale de ces derniers.

La jurisprudence n'a pas eu encore à se prononcer sur cette question de capacité en matière de partage. Suivant M. Champcommunal, elle appliquerait la loi successorale, comme elle l'a fait relativement à la capacité de succéder. Il nous semble que logiquement ces deux solutions ne sont pas nécessairement liées : on peut reconnaître qu'en fait, sinon en droit, l'incapacité de succéder modifie la dévolution même de la succession et doit être régie par la même loi que cette dernière. Il n'en est pas de même de la capacité de procéder au partage, c'est-à-dire des conditions exigées des cohéritiers pour procéder entre eux à un acte juridique supposant la dévolution de la succession déjà effectuée.

Il nous semble donc que la jurisprudence pourrait, sans se mettre en contradiction avec elle-même, sou-

(1) En ce sens ; Weiss, *l. c.*, p. 870. — Despagnet, *l. c.*, p. 503. — Champcommunal, *l. c.*, p. 410. — *Contrà* : B. Lacantinerie et Wahl, II, p. 507. — Antoine, *l. c.*, p. 127.

mettre les héritiers à leur propre loi nationale quant à la capacité de procéder au partage.

III. La législation de tous les pays admet deux formes de partage : partage amiable et partage judiciaire. Dans quels cas les cohéritiers pourront-ils procéder amiablement au partage?

Les formalités du partage judiciaire sont destinées à sauvegarder les intérêts des incapables; elles sont en outre suivies nécessairement en cas de contestations entre cohéritiers. Nous déciderons donc que les cohéritiers. auxquels leur loi nationale reconnaîtra cette faculté et qui seront d'accord entre eux, pourront procéder au partage amiable (1).

Le partage amiable ne soulèvera aucune difficulté : les parties, maîtresses de leurs droits, opèreront le partage suivant le mode qu'il leur conviendra de choisir; y comprendront à leur volonté en totalité des biens héréditaires ou seulement un groupe de biens matériellement situés dans le même pays : en un mot, le droit commun des conventions s'appliquera. Mais il n'en sera pas de même du partage judiciaire ; la règle *locus regit actum* imposera ici l'observation des formalités édictées par la loi du lieu où il sera procédé au partage. C'est ainsi que, dans tout partage judiciaire opéré en France, il faudra observer les règles posées par le Code civil quant à l'apposition et la levée des scellés, la confection de l'inventaire, l'estimation et la vente des meubles et immeubles, la compétence du notaire à l'effet d'opérer la liquidation (nous examine-

(1) En ce sens : B. Lacantinerie et Wahl, *l. c.*, II, p. 498.

rons dans un appendice les questions relatives à la compétence des Tribunaux).

Devra-t-on faire une seule liquidation et un seul partage de tous les biens dépendant de la succession, sans distinguer entre leurs diverses situations ? Logiquement et juridiquement, l'affirmative ne nous semble pas douteuse : elle est imposée par le principe d'unité du patrimoine et d'unité de loi successorale.

Nous estimons en outre que le partage unique devrait s'effectuer au lieu du domicile du défunt : c'est là en effet que se trouve le siège juridique de la succession ; pratiquement, c'est là que seront réunis le plus facilement les innombrables renseignements nécessaires à la liquidation de la succession.

La jurisprudence a plusieurs fois appliqué cette règle : elle se base surtout sur le principe d'égalité des partages.

Cette théorie nous semble un peu en contradiction avec le système admis par la jurisprudence quant à la dévolution même de la succession. A ce point de vue, la jurisprudence distingue autant de patrimoines, autant de successions particulières que de biens soumis à des lois successorales différentes (1). Elle devrait donc logiquement décider qu'il faudra faire aussi autant de partages différents. — On invoque le principe d'égalité des partages ; mais c'est seulement dans le partage de chaque succession distincte prise isolément qu'il peut s'agir d'égalité.

Quelle égalité peut-il exister entre des cohéritiers exerçant sur tels biens des droits dont la quotité est

(1) Voir notamment : Trib. Seine, 31 octobre 1894. *Journ. dr. int. pr.*, 1895, p. 118.

fixée par une certaine loi, sur d'autres biens par une autre loi, et qui enfin sont exclus d'un troisième groupe de biens par une troisième loi ?

Il serait cependant imprudent en pratique de ne pas se conformer à cette jurisprudence qui paraît solidement établie (1).

Comment procédera-t-on à la formation des lots ? Devra-t-on réunir dans un même lot tous les biens de même nature, tous les immeubles par exemple, ou, au contraire, suivant la règle de l'art. 832, C. civ., faire entrer dans chaque lot la même quantité de biens de chaque espèce ? La loi successorale fixera le mode de formation des lots : il y a là en effet une question intéressant la dévolution même : les héritiers ont en effet toujours un intérêt sinon pécuniaire, au moins moral, à recueillir tels biens par préférence à tels autres ; c'est donc la loi qui fixe les droits des parties qui doit aussi déterminer la composition des lots (2).

Nous n'hésiterions même pas à déclarer applicable en France la loi étrangère qui autoriserait un héritier, l'aîné par exemple, à choisir, jusqu'à due concurrence, les biens qu'il désirerait recueillir ; il y aura là évidemment un privilège d'aînesse, mais dans une famille étrangère, par conséquent nullement contraire à l'ordre public en France.

(1) En ce sens : Paris, 14 janvier 1873, D. 74, II, 234. — Besançon, 28 juillet 1875, S. 76, II, 20. — Bordeaux, 19 août 1879, S. 80, II, 247. — Trib. Versailles, 6 mars 1890. *Journ. dr. int. pr.*, 1891, 565. — Pau, 26 juin 1893, *Journ. dr. int. pr.*, 1895, p. 1083.

(2) En ce sens : Antoine, *l. c.*, chap. IV. — Despagnet, *l. c. Contra* : B. Lacantinerie et Wahl, *l. c.*, II, 592, qui ne voient dans la formation des lots qu'une question de procédure.

Naturellement les parties maîtresses de leurs droits et d'accord entre elles pourront, par convention amiable, former les lots comme bon leur semblera et sans observer les prescriptions de la loi successorale.

Les règles que nous avons posées relativement aux formes du partage seront souvent modifiées par suite de l'intervention des consuls dans la succession de leurs nationaux.

Cette intervention est autorisée par le droit commun des nations civilisées.

En France, l'ordonnance du 29 novembre 1833 a consacré cet usage; elle reconnaît aux consuls la faculté d'accomplir « tous les actes conservatoires » relatifs à la protection de leurs nationaux absents, en ce qui concerne les successions de leurs nationaux ouvertes sur le territoire étranger. Les Consuls pourront donc apposer eux-mêmes leurs scellés, ou, si le juge de paix a déjà apposé les siens, croiser leurs scellés sur ceux de ce dernier; assister à l'inventaire; demander le dépôt des sommes en espèces; vendre les biens sujets à dépérissement, etc.

Le gouvernement français a même cherché pratiquement à faciliter aux consuls l'accomplissement de leur mission; le ministre des affaires étrangères, dans une lettre du 19 janvier 1880 (1), a rappelé que les autorités locales devaient avertir les consuls du décès de leurs nationaux; et, dans le cas où ces consuls ne pourraient justifier de l'existence de toutes les conditions exigées pour leur intervention, les laisser assister au

(1) *Journ. dr. int. pr.*, 1881, p. 562.

moins officieusement à la levée des scellés et à l'inventaire.

A quelles conditions sera, de droit commun, subordonnée l'intervention des consuls ?

On a voulu soutenir que les consuls se présentaient pour sauvegarder les droits éventuels de leur pays à la succession en deshérence de leurs nationaux ; mais nous avons vu que l'Etat n'a pas le droit de recueillir la succession de ses nationaux décédés à l'étranger sans héritiers ; il ne peut réclamer que les biens sans maître situés sur son territoire. C'est pourquoi la jurisprudence a décidé de façon constante que les consuls ne pouvaient intervenir pour sauvegarder le droit successoral de leur Etat (1).

L'intervention des consuls est destinée à protéger les droits héréditaires de leurs nationaux absents : on devra donc exiger des consuls la justification de l'existence d'héritiers étrangers, et même, d'après l'opinion générale, les consuls n'agissant que comme mandataires des héritiers étrangers devront représenter une procuration de ces derniers.

C'est ainsi que plusieurs décisions du ministre des finances, notamment une décision du 13 mai 1867, interdisait à la Caisse des dépôts et consignations de se dessaisir au profit des consuls des sommes déposées pour le compte des successions d'étrangers, si ces consuls ne justifiaient pas de l'existence d'héritiers Etrangers.

Une décision du 30 septembre 1884 (*Journ. dr. int. pr.*, 1885, p. 75) a été plus loin : elle exige en outre

(1) Voir Cass. 28 juin 1852, S. 52. I, 537. Note anonyme. *Journ. dr. int. pr.*, 1879, p. 321.

dans le même cas la production par le consul d'une procuration des héritiers étrangers.

Tel est le droit commun relativement à l'intervention des consuls : il est rarement applicable en pratique, car il a été conclu, pour régler les pouvoirs des consuls, de nombreux traités que nous examinerons dans notre troisième partie, consacrée à l'étude des dérogations apportées aux règles du droit commun.

IV. Il arrivera souvent que certains héritiers auront reçu des libéralités du *de cujus*. A quelle loi devra-t-on se référer pour savoir si le *de cujus* a pu expressément dispenser du rapport les héritiers qu'il a gratifiés ? — et suivant quelle loi interprètera-t-on sa volonté, s'il ne l'a pas formellement exprimée ? Il y a là, à notre avis, deux questions absolument distinctes qu'on a parfois confondues à tort et que nous étudierons successivement (1).

Et, tout d'abord, le défunt a-t-il pu valablement dispenser du rapport ses donataires ou ses légataires ? Généralement, les législations modernes accordent à cet égard toute liberté aux disposants et n'interviennent que pour présumer l'intention tacite du défunt. Cependant il est possible que suivant une conception exagérée du principe d'égalité dans les partages, la loi prohibe toute libéralité faite par préciput au profit d'un successible : telle fut en France la loi du 17 ni-

(1) Voir sur la question des rapports ; B. Lacantinerie et Wahl, *l. c.*, III, 175 (applique la loi régissant la libéralité). — Weiss, *l. c.* (loi nationale du défunt). — Despagnet, *l. c.* (loi successorale). — Champcommunal, *l. c.*, p. 418 et s. (loi successorale).

vôse an II ; de même, jusqu'en 1889, la loi espagnole, craignant les libéralités excessives, interdisait la libéralité faite avec dispense de rapport par un père à sa fille en vue du mariage de cette dernière.

Il est évident que toutes les prohibitions de cette natures, basées sur une conception particulière des rapports de famille, ont pour but direct de régler la dévolution de la succession ; la loi successorale devra donc être appliquée en cette matière.

La jurisprudence a eu à trancher cette question notamment dans une affaire Garcia : le comte Garcia, sujet espagnol, avait donné par contrat de mariage à sa fille, à titre de préciput, le quart des biens qui composeraient sa succession. Nous savons que la loi espagnole prohibait ce genre de libéralité. — On se demanda donc si cette libéralité pourrait produire son effet au moins sur les immeubles situés en France. Un jugement du Tribunal de la Seine décida, le 21 juillet 1879 (1), que la donation vaudrait tant sur les biens situés en France que sur ceux situés à l'étranger : Un arrêt de la Cour de Paris du 12 mars 1881 (2) déclara au contraire la donation nulle sur tous les biens, « attendu que le comte Garcia, de nationalité espagnole, était soumis aux lois de son pays pour toutes les questions de capacité personnelle, en quelque pays qu'il se trouvât ; que sans doute, aux termes de l'art. 3 les immeubles français doivent être régis par la loi française, mais que ce n'est pas au point de vue de la loi française qu'il faut se placer pour apprécier la validité de la donation, mais bien au point de vue de la capacité personnelle du do-

(1) *Journ. dr. int. pr.*, 1881, p. 355.

(2) *Journ. dr. int. pr.*, 1881, p. 356.

nateur, stipulant hors de France dans les limites qui lui étaient fixées non par la loi française, mais par celle de son pays ». Enfin, la Cour de cassation, le 2 avril 1884, (1) prononça la validité de la donation, seulement sur les immeubles situés en France, « attendu qu'il résulte de l'article 3 que tout ce qui touche à la transmission des biens immobiliers, soit par voie de succession *ab intestat*, soit par voie d'institution contractuelle est régi par le statut réel français ».

Supposons donc que le défunt, d'après la loi successorale, pouvait dispenser du rapport l'héritier gratifié ; mais il n'a pas exprimé sa volonté dans la libéralité ; or, certaines lois considèrent le silence du disposant comme valant dispense de rapport, d'autres législations statuent dans le sens opposé. Ces lois contraires peuvent se trouver en conflit. A laquelle doit-on donner la préférence ? Puisqu'il ne s'agit ici que de présumer l'intention tacite du défunt, nous nous référerons à la loi qu'il a dû logiquement avoir la pensée d'observer. Suivant certains auteurs, ce sera toujours sa loi nationale. En réalité, il serait peut-être hardi de vouloir poser une règle fixe à cet égard ; il y aura là à notre avis une question de fait laissée à l'appréciation des tribunaux. Pour reprendre des exemples déjà cités, il est certain que l'individu, ayant fait la libéralité dans sa patrie qu'il n'a jamais quittée, n'a pu avoir en vue que sa loi nationale ; mais peut-on affirmer qu'il en sera de même de l'émigré, né et domicilié à l'étranger où ses parents étaient établis dès avant sa naissance ? Cette solution est unaninement admise quand il s'agit d'inter-

(1) S. 84. 1. 277.

prêter la volonté d'une partie dans un contrat ; nous ne voyons pas pourquoi on en déciderait autrement dans notre matière.

La loi quelconque qu'on considérera comme préférable dans ce conflit aura pu être modifiée entre le moment où la libéralité a été faite et le jour du décès ; le disposant n'a pu évidemment se référer qu'à la loi en vigueur au jour où il a disposé; c'est donc la loi de cette époque que nous appliquerons : cette solution ne souffre aucune difficulté (1).

La loi successorale déterminera le mode suivant lequel devra s'effectuer le rapport — en nature ou en moins prenant — comme elle fixe, à notre avis, le mode de formation des lots : les droits des héritiers sont en effet directement intéressés à cette question.

Mais naturellement dans chaque pays la loi étrangère ne pourra s'appliquer à cet égard que sous réserve des dispositions d'ordre public international. En France, par exemple, on ne pourrait pas, conformément à la loi étrangère, faire tomber par un rapport en nature les aliénations consenties par l'héritier sur l'immeuble donné ; ce résultat serait en effet très dangereux pour le crédit public, et est écarté pour ce motif en droit civil interne par l'article 860, C. civ.

V. On a proposé d'appliquer au retrait successoral la loi qui régit la dévolution, car, a-t-on dit, les dispositions législatives qui autorisent ou interdisent le retrait successoral sont relatives aux rapports des cohéritiers entre eux : elles fixent l'étendue du droit de l'héritier

(1) En ce sens : Cass. 16 mars 1880. *Journ. dr. int. pr.*, 1880, p. 195.

qui, d'après ces lois, pourra ou ne pourra pas céder d'une façon absolue sa part héréditaire (1).

Nous ne nous rallions pas à cette opinion : l'exercice du retrait nous semble dans tous les cas intéresser l'ordre public et dès lors c'est à la loi de la situation des biens qu'il faudra se référer (2).

En effet, supposons en premier lieu qu'il s'agisse d'exercer le retrait sur des biens situés dans un pays dont la loi ne sanctionne pas cette institution ; les droits acquis à un tiers par suite de cession seront résolus ; l'insécurité de la propriété et des procès nombreux en seront la conséquence, résultat évidemment contraire à l'ordre public du pays dont la loi prohibe le retrait.

Inversement, on ne pourrait pas, sous prétexte d'appliquer une loi étrangère, prohiber le retrait sur les biens situés dans un pays qui, comme la France, admet le retrait. Cette institution peut en effet être à bon droit considérée comme étant en France d'ordre public. Le législateur a voulu, en créant le retrait, restreindre le nombre des procès et sauvegarder les secrets des familles : il a craint qu'un tiers ne s'introduisît dans le partage par esprit de malveillance et n'apportât pas l'esprit de conciliation si désirable en cette matière. Suivant Lebrun « le retrait a été introduit par cette raison qu'il y a ordinairement de la vexation ou un étrange intéressement de la part d'un étranger curieux d'apprendre les affaires d'autrui ».

On a objecté parfois (3) que le retrait successoral

(1) En ce sens : B. Lacantinerie et Wahl, *l. c.*, p. II, 657. — Champcommunal, *l. c.*, p. 424. — Pillet, *l. c.*, chap. VI.

(2) En ce sens : Despagnet, *l. c.*, p. 488. — Antoine, *l. c.*, chap. II.

(3) Voir Champcommunal, *l. c.*, p. 426. — Pillet, *l. c.*, chap. VI.

n'était pas d'ordre public, puisque, de l'avis de tous, les cohéritiers du cédant peuvent valablement renoncer à l'exercer ; or, on ne peut pas renoncer à un droit d'ordre public.

En réalité, le législateur français a voulu seulement qu'il ne fût pas possible à un héritier d'imposer à ses cohéritiers le concours d'un tiers : il en serait ainsi si on déclarait applicable en France la loi étrangère prohibant le retrait.

Mais là se borne la volonté du législateur ; les inconvénients qui pourraient résulter de l'immixtion d'un inconnu au partage n'existeront pas quand le cessionnaire aura été agréé par les cohéritiers, et c'est pourquoi les cohéritiers peuvent valablement renoncer à exercer le retrait.

La jurisprudence n'a pas eu encore à se prononcer sur la question du retrait successoral en droit international privé, mais en droit interne, elle a à plusieurs reprises, et notamment dans un arrêt de la Cour de cassation du 15 mai 1844 (S. 44, I, 605), déclaré d'une façon absolue que le retrait est d'ordre public. On peut donc supposer qu'elle se rallierait au système que nous avons proposé.

VI. Les créanciers héréditaires et les créanciers personnels des héritiers auront souvent intérêt à intervenir au partage pour empêcher qu'il ne soit fait en fraude de leurs droits : la loi du lieu où sera effectué le partage réglera les conditions et le mode de leur intervention, comme elle règle toutes les questions de procédure (1).

(1) En ce sens : B. Lacantinerie et Wahl, III, p. 320. — Despagnet, *l. c.*

M. Antoine (*lc.*, p. 128) a soutenu que l'intervention des créanciers personnels de l'héritier serait soumise à la loi nationale du défunt, c'est-à-dire, pour lui, à la loi successorale, parce que, dit-il, cette loi fait entrer les biens héréditaires dans le patrimoine de l'héritier, et jusqu'à ce que leur attribution définitive ait eu lieu ses créanciers ne peuvent prétendre avoir droit aux biens héréditaires, car la loi nationale du défunt seule règle leur condition. Nous ne nous rallions pas à cette théorie, car l'intervention des créanciers a lieu pour surveiller les actes des copartageants et empêcher les fraudes de leur part : elle n'a pas pour but de modifier la dévolution de la succession, ni la condition des biens ; au contraire, les créanciers intervenant pourront exiger uniquement l'observation de la loi successorale dans le partage.

VII. Les effets du partage, d'une façon générale, seront régis par la loi à laquelle les parties les auront expressément ou tacitement soumis. Le partage n'est en effet qu'une convention et, dès lors, les cohéritiers sont libres de lui faire produire tels effets qu'ils jugent à propos. Si les copartageants ont exprimé leur volonté il n'y aura aucune difficulté ; sinon, suivant les principes de droit commun en matière de convention, on appliquera aux effets du partage la loi nationale des parties si elles sont toutes de même nationalité, et, au cas contraire, la loi du lieu où a été effectué le partage (1).

Plusieurs auteurs ont proposé d'appliquer la loi suc-

(1) En ce sens : Weiss, *l. c.*, p. 718. — Champcommunal, p. 412. — Despagnet, *l. c.* p. 571.

cessorale en cette matière, les questions de partage étant étroitement liées à la dévolution même des biens (1).

Nous écarterons ce système : la loi successorale doit déterminer la quotité des droits des héritiers, la masse des biens qui leur est dévolue ; mais il ne faut pas exagérer son champ d'application. Le partage a évidemment de grands rapports avec la dévolution, en ce sens que les copartageants seront obligés de se conformer aux règles édictées par la loi successorale, qui détermine la mesure de leurs droits ; mais c'est suivant leur propre volonté seule que les cohéritiers mettent en pratique dans le partage les règles abstraites posées par la loi successorale ; le partage n'est dès lors qu'une convention et il n'y a pas lieu de soumettre ses effets à la loi successorale.

Ainsi donc les obligations existant entre copartageants, les sûretés réelles ou personnelles qui garantissent leur accomplissement, les causes de nullité ou de rescision seront sans difficulté régies par la loi à laquelle les cohéritiers se sont soumis en procédant au partage.

Cette règle subira cependant les restrictions qui lui seront imposées par les lois d'ordre public en vigueur dans les pays où seront situés les biens compris dans le partage : c'est ainsi que le privilège du copartageant ne pourrait pas avoir d'effet sur les immeubles quand la *lex rei sitæ* ne reconnaît pas cette sûreté. De même, le partage étant soumis à la loi française, un cohéritier ne pourrait pas, se fondant sur une lésion de plus

(1) En ce sens : B. Lacantinerie et Wahl, III, pp. 405 et 431. — Pillet, *l. c.*, chap. VI.

du quart, demander la rescision du partage relativement à un immeuble d'Angleterre et faire tomber ainsi les droits acquis par des tiers sur cet immeuble ; la loi anglaise, souveraine quant à l'organisation de la propriété en Angleterre, n'admet pas en effet la rescision pour cause de lésion.

Le partage sera-t-il déclaratif ou attributif? le caractère de rétroactivité ou de non rétroactivité du partage a un effet direct sur l'organisation de la propriété, et par suite intéresse l'ordre public. De la solution de cette question dépend en effet la résolution ou le maintien des droits acquis par des tiers durant l'indivision : il faudra donc toujours appliquer ici la loi de la situation des biens (1).

On a généralement admis en doctrine que la loi applicable sera celle de la situation des biens si cette loi admet que le partage est attributif : la solution contraire amènerait en effet la chute de tous les droits consentis à des tiers par les cohéritiers pendant l'indivision, résultat que la loi locale a évidemment considéré comme dangereux pour la paix publique en déclarant le partage seulement translatif.

Mais certains auteurs (2) ont pensé qu'inversement, dans un pays dont la législation déclare le partage rétroactif, rien ne s'opposerait à l'application de la loi étrangère qui gouverne en principe le partage, si cette dernière considère le partage comme attributif ; en effet, dit-on, la loi étrangère en ce cas sauvegarde

(1) En ce sens ; Weiss, *l. c.* p. 718. — Despagnet, *l. c.* p. 572. — Pillet, chap. VI. – Antoine, chap. IV.

(2) Antoine. *l. c.*, chap. IV, princ.

mieux que la loi locale les intérêts des tiers ; d'après la loi locale, les droits acquis par des tiers durant l'indivision seraient résolus : au contraire, la loi étrangère les laissera subsister.

Il nous semble cependant que même dans ce cas le résultat ainsi obtenu serait contraire à l'ordre public international du lieu de situation. C'est en effet dans l'intérêt de la paix publique que certaines législations, notamment la nôtre, ont déclaré le partage rétroactif. Les auteurs du Code civil ont craint en effet, en ne donnant au partage qu'un caractère translatif, de voir se multiplier les actions récursoires entre cohéritiers, et ils ont à juste titre redouté pour le bon ordre de l'Etat ces procès entre parents, sources de divisions déplorables dans les familles que prolonge souvent indéfiniment un esprit d'âpre jalousie.

C'est donc dans un intérêt général que le Code civil a posé le principe de rétroactivité du partage, et dès lors aucune loi étrangère ne pourra faire écarter cette règle.

CHAPITRE V

RÉGLEMENT DU PASSIF

En cherchant dans notre première partie à déterminer la loi qui doit régir la transmission du patrimoine par succession, nous avons constaté que le patrimoine était non pas la masse concrète des biens ayant appartenu au *de cujus* mais l'ensemble des droits ayant existé activement à son profit ou passivement contre lui. La personnalité même du défunt se transmet en quelque sorte à ses héritiers qui le représenteront tant activement que passivement. C'est pourquoi la loi successorale, déterminée dans notre première partie, devra être observée pour le règlement du passif, comme elle l'a été pour la dévolution de l'actif (1).

Laurent (2), reprenant une idée de Merlin, a contesté cette doctrine : cet auteur considère l'obligation des héritiers aux dettes héréditaires comme une conséquence

(1) En ce sens : B. Lacantinerie et Wahl, III, p. 217. — Champcommunal, *l. c.*, p. 414. — Pillet, ch. VI.

(2) *Droit civil international*, VIII, p. 9.

de leur acceptation ; en acceptant la succession, les héritiers, par une sorte de quasi-contrat, s'engageraient vis-à-vis des créanciers héréditaires ; or, dans tout quasi-contrat, les effets de l'obligation du débiteur sont déterminés par la loi du lieu où s'est formé le quasi-contrat ; c'est donc la loi du lieu de l'acceptation qu'on appliquera au règlement du passif.

En réalité, l'héritier ne devient pas débiteur des créanciers héréditaires par suite de son acceptation, car il l'est déjà devenu de plein droit par suite de la dévolution héréditaire. L'acceptation ne fait que confirmer cette obligation ; elle n'a pas d'effet créateur. Au point de vue actif, on n'a jamais contesté que l'héritier acquiert les biens héréditaires par l'effet même de l'ouverture de la succession (711, C. civ.), l'acceptation ne venant que confirmer cette transmission. Pourquoi l'acceptation produirait-elle des effets différents au point de vue passif? C'est donc à notre avis la loi nationale du défunt qui gouvernera le règlement du passif. Cette solution n'offrira aucune difficulté pratiquement, la même loi déterminant la répartition de toutes les dettes entre les héritiers et la mesure de leur obligation (*ultra vires* ou *intra vires*) (1).

Mais le système adopté per la jurisprudence pour la dévolution de l'actif et logiquement reproduit par elle pour le règlement du passif, produira des résultats déplorables, donnant naissance à de grosses difficultés et ouvrant la porte aux fraudes.

(1) C'est également à la loi successorale que nous avons subordonné plus haut la question de savoir si l'héritier pourrait ou non accepter sous bénéfice d'inventaire.

Le défunt est censé laisser plusieurs successions : au point de vue actif, l'une de ces successions comprend tous les meubles et est réputée s'ouvrir au lieu du domicile du défunt ; il existe en outre autant de successions immobilières qu'il y a de groupes d'immeubles soumis à une même loi. Symétriquement, au point de vue passif, il y aura une succession comprenant toutes les dettes mobilières à la charge des héritiers désignés par la loi du domicile légal du *de cujus*, et autant de successions que « de dettes immobilières situées sur des territoires légaux différents à la charge des héritiers désignés par la loi dé la situation de ces dettes ».

Comment distinguera-t-on les dettes mobilières des dettes immobilières ? Le moyen le plus simple et le plus juridique consisterait évidemment à déclarer immobilières les dettes ayant pour objet un immeuble et mobilières les dettes ayant pour objet un meuble. Ce n'est pas ce qu'on a fait généralement. D'après l'opinion courante, il faudra considérer comme immobilières les dettes qui auront été contractées par le *de cujus*, soit pour acquérir un immeuble, soit pour améliorer ou entretenir cet immeuble.

Ces dettes seront en outre réputées situées au lieu qu'occupe l'immeuble, dans l'intérêt duquel elles ont été faites et soumises à la loi en vigueur dans ce lieu.

Les dettes hypothécaires ne sont pas considérées comme nécessairement immobilières ; l'hypothèque, qui n'est qu'une garantie accessoire, ne peut pas changer le caractère principal de la créance.

Ces règles, suivies par la Jurisprudence, sont fort bien résumées dans un jugement du Tribunal de la Seine du 31 octobre 1894 (*Journ. dr. int. pr.*, 1895, p. 118).

Il s'agissait de la succession d'un Russe, décédé à Paris, laissant des meubles et un immeuble situé en France, grevé de dettes hypothécaires : l'immeuble fut vendu, et un notaire de Paris fut commis pour liquider la succession immobilière. Le notaire proposa de distinguer deux catégories de dettes : dettes immobilières mises à la charge des héritiers appelés à recueillir l'immeuble situé en France, et dettes mobilières à la charge des héritiers recueillant l'actif mobilier. Certains héritiers critiquèrent cette opération, disant « qu'en affranchissant les héritiers appelés seulement à la succession immobilière en France de la contribution aux dettes mobilières, le notaire avait créé en leur faveur une situation avantageuse, contraire aux principes généraux du droit français qui ne s'inspire pas pour le passif de la distinction qu'il établit pour l'actif; il aurait fallu, prétendait-on, faire d'une part une masse de l'actif immobilier en France, et de l'actif tant mobilier qu'immobilier en Russie, et d'autre part une masse de toutes les dettes existant en France et en Russie, pour comparer la consistance de l'actif immobilier en France, avec celle de l'actif liquidé en Russie, et faire supporter le passif par l'actif immobilier en France proportionnellement à son importance. » Le Tribunal repoussa ces prétentions et confirma le travail du notaire pour les motifs suivants : (notons que le Tribunal invoque le traité franco-russe de 1874, mais ce traité admettant un système identique au système ordinaire de la jurisprudence sur la dévolution, nous pouvons étendre aux cas de droit commun la solution donnée dans notre espèce).

« Attendu que la convention franco-russe doit s'entendre en ce sens que le sujet russe, décédé en laissant des immeubles en France, ne relève que de sa loi nationale pour la dévolution de sa succession mobilière, alors que les immeubles situés en France sont soumis à la loi française ; qu'il en résulte qu'il existe deux successions distinctes, lesquelles doivent être envisagées isolément, les immeubles situés en France devant être considérés comme constituant un patrimoine indépendant, et qu'il y a lieu de procéder en pareil cas en faisant, pour le règlement des biens situés en France, abstraction de ceux qui sont situés à l'étranger ; attendu que cette division doit être appliquée en ce qui concerne les dettes : qu'elle est en effet la conséquence de la séparation complète des deux successions. — Attendu que pour toucher dans son intégralité le prix d'adjudication de l'immeuble, il était nécessaire de rembourser le passif immobilier représenté par la somme restée due par le *de cujus* sur son prix d'acquisition ; qu'il était donc équitable et conforme au traité que les héritiers appelés à recueillir l'actif immobilier contribuassent à l'extinction de cette dette immobilière proportionnellement à leur part héréditaire en France ; qu'il en était autrement en ce qui concerne les dettes hypothécaires purement mobilières par leur origine, et dont les garanties prises pour leur remboursement n'avaient pas changé le caractère (1). »

Nous avons montré combien la théorie suivie par la Jurisprudence manquait de base juridique sérieuse : en

(1) Voir dans le même sens ; Paris, 2 avril 1896. *Journ. dr. int. pr.*, 1897, p. 165.

pratique, elle présente d'énormes inconvénients et même de graves dangers.

Un même héritier pourra, nous l'avons vu, prendre des partis différents sur chacune des différentes successions que laisse le défunt. Il acceptera celles des successions qui lui paraîtront bonnes, renonçant à celles qui seront obérées, et, s'il est habile, il parviendra finalement à recueillir un actif dans une succession qui, considérée dans son ensemble, aurait dû se solder par un excédent de passif.

Supposons, en effet, que le *de cujus* n'ait guère eu que des dettes mobilières, ce qui sera le cas le plus fréquent, et ait possédé des immeubles à l'étranger. L'héritier bien avisé acceptera les successions immobilières qui ne sont grevées d'aucune dette ; quant à la succession mobilière, il la répudiera. Ainsi, il y aura des créanciers héréditaires non payés en face d'un héritier réprésentant le défunt et recueillant un actif considérable.

Nous n'insisterons pas sur toutes les fraudes que facilitera cet état de choses. L'héritier que nous avons pris pour exemple, étant à la fois acceptant et renonçant, obligé aux dettes et non obligé suivant de subtiles et incertaines distinctions, aura beau jeu en pratique pour frustrer les créanciers, malgré toute la vigilance que ceux-ci pourront déployer.

Nous n'avons pas à nous arrêter davantage sur la complication de la liquidation de ces successions distinctes, et, par suite, sur les frais, les lenteurs et les procès qui en résulteront.

Ces considérations pratiques suffiraient presque à nous faire repousser la doctrine de la jurisprudence, si elle n'était déjà condamnée par la raison juridique.

Les règles relatives au service d'une rente existant dans la succession (872, C. civ.) intéressent les rapports des cohéritiers entre eux : la loi successorale sera applicable, sauf convention contraire.

Quant aux formalités à observer pour rendre exécutoires contre les héritiers les titres qui étaient exécutoires contre le défunt (877, C. civ.) elles seront régies, comme toute matière de procédure, par la *lex fori*.

Certaines législations reconnaissent au profit des créanciers héréditaires sur les biens de la succession un privilège, le privilège de séparation des patrimoines, ou même une hypothèque (analogue à celle que l'article 1017 accorde aux légataires); ces garanties sont destinées à éviter aux créanciers héréditaires le concours des créanciers personnels des héritiers ou à les protéger contre les conséquences parfois dangereuses de la division des dettes entre les cohéritiers. Elles sont donc des sûretés accessoires à la dette et seront soumises à la loi qui régit en principe les effets de l'obligation.

Nous avons déjà remarqué que les auteurs n'étaient pas absolument d'accord sur la détermination de cette loi; suivant les uns, les plus nombreux, ce sera la loi nationale du débiteur; suivant d'autres, la loi de son domicile; enfin, quelques-uns appliquent la loi à laquelle les parties ont entendu vraisemblablement se référer.

A notre avis donc la loi qui fixe les droits des créanciers décidera si ceux-ci ont, en cas de décès de leur débiteur, la faculté de demander la séparation des patrimoines ou de revendiquer une hypothèque sur les immeubles héréditaires.

Nous devons écarter ici absolument la loi successorale : ce n'est pas une question de dévolution que nous avons à résoudre ; nous cherchons à déterminer seulement les sûretés qui peuvent garantir les droits des créanciers.

Les créanciers héréditaires ne pourront invoquer la sûreté réelle constituée par la loi du contrat que dans les pays où une garantie analogue est consacrée par la loi. En effet, l'organisation de la propriété, par suite la détermination des privilèges et hypothèques qui peuvent atteindre les biens, est incontestablement une question d'ordre public international.

Supposons un créancier qui, ayant contracté en France avec un Français, possède certainement le privilège de séparation des patrimoines ; il ne pourra exercer ce privilège relativement aux immeubles et aux meubles situés dans un Etat étranger qui ne possède pas d'institution semblable, ni relativement aux biens incorporels fictivement situés dans cet Etat.

Mais l'ordre public de l'Etat qui reconnaît le privilège de séparation des patrimoines n'exige pas, comme on l'a prétendu (1), que dans tous les cas les créanciers possèdent cette garantie ; la loi d'un pays peut bien s'opposer à ce qu'un droit non consacré par elle soit exercé sur son territoire ; mais l'intérêt d'un Etat ne commande pas d'accorder aux créanciers soumis en principe à une loi étrangère toutes les garanties que la loi locale a instituées.

Certains auteurs (2) ont voulu établir une distinction suivant la nature du privilège de séparation des patrimoines : est-il un véritable privilège, entraînant le droit

(1) Pillet, *l. c.* chap. VI.

(2) Champcommunal, *l. c.*, p. 417. — Aloine, *l. c.*, chap. IV.

de suite, il sera soumis à la loi territoriale. N'est-il au contraire qu'un droit de préférence, la loi du contrat lui sera applicable. La solution de la question de droit international suppose donc résolue la question préjudicielle du caractère du privilège, question qui, en droit français, a divisé jusqu'à ce jour la doctrine et la jurisprudence. En réalité, cette distinction nous paraît absolument inutile ; que le privilège de séparation des patrimoines soit un véritable privilège ou seulement un droit de préférence, il constitue toujours une garantie accessoire de la dette et est donc, quant à son existence même, soumis à la loi du contrat. De même, dans les deux cas, il résulte certainement de ce privilège au moins un droit de préférence au profit des créanciers héréditaires contre les créanciers personnels des héritiers, et l'existence d'un simple droit de préférence intéresse le crédit public, d'où restriction imposée à la loi du contrat par la loi locale dans la mesure indiquée.

Les délais dans lesquels le privilège de séparation des patrimoines devra être exercé et les conditions de publicité seront régis par la loi locale ; ces questions nous semblent en effet intéresser l'ordre public international.

Quant à la procédure, on se réfèrera à la *lex fori*.

Nous ne connaissons relativement à la séparation des patrimoines qu'un seul jugement rendu par le Tribunal de Sousse, le 13 mars 1890 (*Journ. dr. int. pr.*, 1891, p. 973) : ce jugement soumet à la loi successorale la question de savoir si les créanciers peuvent exercer le privilège ; à la *lex fori*, la procédure ; et à la loi territoriale, les effets du privilège (1).

(1) Voir sur la séparation des patrimoines : B. Lacantinerie et Wahl, *l. c.* III, p. 289. — Despagnet, *l. c.*, p. 590.

CHAPITRE VI

PACTES SUR SUCCESSION FUTURE

On ne peut songer à soumettre les pactes sur succession future à la loi successorale ; ce ne sont que des conventions, ayant généralement pour but de déroger à la loi successorale, et il faut leur appliquer le droit commun des conventions.

Il ne sera donc jamais nécessaire de rechercher si la loi régissant la dévolution de la succession interdit ou non les pactes de cette nature. Ces conventions seront valables à la seule condition qu'elles aient été formées entre des parties que leur loi nationale, déterminant leur capacité, reconnaît aptes à faire de tels pactes.

Il pourra arriver que les biens successoraux soient situés sur le territoire d'un Etat dont la législation prohibe les pactes sur succession future ; si cette défense peut être considérée comme faite dans une vue d'intérêt général, la convention, quoique valablement formée entre les parties, ne pourra recevoir d'exécution sur ces biens.

A notre avis, il en sera ainsi en France ; la règle du

Code civil prohibant les pactes sur succession future doit être considérée comme d'ordre public en France et nos tribunaux ne pourront jamais donner effet à ces conventions, même relativement à des biens situés à l'étranger.

Les auteurs du Code civil ont en effet considéré qu'il serait à la fois immoral et dangereux d'autoriser des contrats où les parties « spéculeront sur le décès d'un de leurs parents ». Cette horreur des contrats impliquant le *votum mortis* avait déjà existé chez Pothier (Obligations, n° 132). On la retrouve chez les orateurs qui prirent part à la discussion du Code civil (Locré, tome V, p. 126, et tome VI, p. 152) et par suite on ne peut contester que cette prohibition soit d'ordre public.

Laurent avait jadis soutenu l'opinion contraire en faisant observer que le Code civil autorise parfois, notamment dans les articles 1082 et s., les pactes sur succession future.

La morale publique et la paix sociale, concluait Laurent, ne sont pas intéressées à la prohibition de ces pactes, puisque le législateur les autorise parfois.

En réalité, le législateur a considéré que les institutions contractuelles auxquelles on fait allusion, étaient nécessaires à la multiplication des mariages ; ces donations, par leur caractère même, répondent parfaitement aux besoins du ménage qui se forme ; grâce à elles, les jeunes époux peuvent, en se mariant, compter sur des ressources futures qu'ils acquerront au moment même où leurs charges augmenteront, par suite du développement de leur famille et de l'affaiblissement de leurs forces.

L'institution contractuelle, pour ces motifs, était regardée par le législateur comme nécessaire dans l'intérêt général. Mais, d'autre part, les conventions sur succession future étaient considérées comme contraires à l'ordre public. Entre ces deux règles d'ordre public opposées, le législateur devait choisir ; il a considéré que la règle favorisant les mariages offrait un intérêt supérieur, et par suite il a écarté la règle prohibant les pactes sur succession future dans les cas exceptionnels où elle aurait eu pour conséquence d'empêcher les institutions contractuelles. Mais, en dehors de ces cas, la prohibition des pactes sur succession future reste une loi d'ordre public (1).

(1) Voir sur les pactes sur succession future : B. Lacantinerie et Wahl, *l. c.*, II, p. 332. — Despagnet, *l. c.* p. 566. — Champcommunal, *l. c.*, p. 431.

TITRE II

Des successions testamentaires.

Certains des conflits de lois qui s'élèvent en matière de successions testamentaires ont déjà été étudiés à propos des successions *ab intestat*. Les difficultés à résoudre et les solutions à adopter étant les mêmes, nous n'aurons pas, dans ce chapitre, à revenir sur ces points, notamment sur la matière des présomptions de survie entre comorientes et sur celle du partage.

Les questions spéciales aux successions testamentaires vont donc seules retenir notre attention.

CHAPITRE PREMIER

CONDITIONS DE FORME DU TESTAMENT

La complexité de cette question nous oblige à étudier successivement les formes du testament du Français et celles du testament de l'étranger.

I

Testament du Français.

A. Ecartons immédiatement l'hypothèse très simple où le Français a rédigé son testament en France conformément à la loi française. Les dispositions contenues dans ce testament vaudront, sans difficulté possible, à l'égard de tous les biens, même situés à l'étranger (1).

B. Quelles formes devra observer le Français qui testera à l'étranger ?

L'article 999 du Code civil, relatif à cette question, est ainsi conçu :

(1) En ce sens, jugement du Trib. d'Annecy du 6 février 1890. *Journ. dr. int. pr.*, 1891, p. 243. basé sur la règle « locus regit actum. »

« Un Français qui se trouvera en pays étranger, pourra faire ses dispositions testamentaires par acte sous signature privée, ainsi qu'il est prescrit en l'article 970, ou par acte authentique, avec les formes usitées dans le lieu où cet acte sera passé. »

Il est nécessaire, pour bien saisir la portée de ce texte, d'examiner dans quelles conditions il fut rédigé : cette étude nous permettra de résoudre non seulement la question que nous nous sommes posée actuellement, mais elle nous facilitera en outre la solution de difficultés ultérieures.

Le projet primitif du Code civil consacrait formellement le principe : *locus regit actum*. Un de ses articles était en effet ainsi conçu : « la forme des actes est réglée par la loi du pays où ils sont faits ». Mais ce texte souleva de violentes critiques ; on le trouvait généralement trop large ; l'ancien droit donnait en effet au mot « forme » une portée très vaste et c'est dans le même sens que les législateurs de 1804 prenaient ce terme. Pour eux, la forme était l'ensemble de tous les éléments qui concourent à la formation d'un acte juridique ; ils distinguaient les formes intrinsèques, c'est-à-dire les éléments que nous désignons aujourd'hui sous le nom de conditions de fond, parmi lesquelles on rangeait notamment le consentement ; — et les formalités extrinsèques, c'est-à-dire les éléments externes destinés à constater la formation de l'acte juridique et à en conserver la preuve, Il était fort logique, cette définition des formes étant admise, d'écarter le texte proposé qui semblait soumettre à la loi locale même les conditions de fond d'un acte ; mais tout en supprimant l'article, les rédacteurs du Code civil avaient l'intention d'admettre la règle *locus regit actum* quant aux formes extrinsèques des actes; les articles 47 et 170 du Code civil, simples applications de cette règle, en sont une bonne preuve.

Lorsque se présenta la question des formes à imposer au testament du Français à l'étranger, le législateur voulut consacrer, comme il l'avait fait dans les autres matières, la règle *locus regit actum*. Il fut donc admis que le Français pourrait tester à l'étranger dans toutes les formes reconnues par la loi locale. Mais une deuxième question se présenta alors : la règle *locus regit actum* serait-elle obligatoire ou seulement facultative? En d'autres termes, le Français qui pouvait certainement choisir une des formes de testament locales, serait-il forcé d'observer la loi du pays où il testerait, ou pourrait-il au contraire adopter l'une des formes reconnues par la loi française? Cette question relative à l'autorité de la règle *locus regit actum* s'était posée dans l'ancien droit sur un point spécial; on se demandait si une personne domiciliée dans un pays admettant le testament olographe pourrait user de cette forme dans un pays où le testament olographe n'était pas admis de façon absolue. Pothier et la jurisprudence du Parlement de Paris avaient conclu négativement; mais leur opinion n'était pas admise universellement et, dans le parti opposé, on trouvait aussi de célèbres jurisconsultes, tels que Ricart, Bouhier, Boullenois.

C'est cette ancienne controverse que voulurent résoudre les auteurs du Code civil lorsqu'ils rédigèrent l'article 999, ayant l'intention de consacrer l'opinion de Boullenois.

Le législateur a voulu dans l'article 999 décider que la règle *locus regit actum* était facultative ; les termes du texte semblent ne comprendre qu'une hypothèse plus restreinte, la question du testament olographe ; il ne faut pas nous en étonner : la discussion avait, chez nos anciens auteurs, porté sur ce cas spécial ; c'est dès lors cette hypothèse qui attirait principalement l'attention du législateur et sur laquelle il statua seule explicitement. Le principe de l'autorité facultative de la règle *locus regit actum* n'en était pas moins reconnu par le législateur (1).

Si nous examinons la règle *locus regit actum* dans son fondement juridique, nous arriverons aux mêmes conséquences relativement à sa portée.

Les anciens auteurs expliquaient la règle *locus regit actum* par une soumission volontaire de l'étranger à la loi du lieu où il se trouve, « cet étranger devenant, quant à ses actes, sujet temporaire de l'Etat dans lequel il agit ». Dans ces conditions, il était logique que la loi locale s'imposât absolument à l'étranger.

Mais cette argumentation est insuffisante, elle n'explique pas pourquoi l'acte passé conformément à la loi locale est considéré comme valable dans tous les pays ; la soumission volontaire de l'étranger à la loi locale peut bien faire reconnaître la validité de son acte dans l'Etat soumis à l'autorité de cette loi, mais non dans les autres Etats.

En réalité la règle *locus regit actum* repose surtout sur une raison de nécessité pratique. Sans doute, en

(1) Sur l'explication historique de l'art. 999, voir : Lainé, introduction générale, II, p. 415.

principe, les sujets d'un État sont soumis aux lois de leur patrie à tous égards, même relativement à la forme des actes. Ce principe s'appliquera facilement quand l acte sera passé sur le territoire même de l'Etat dont les parties sont sujettes, mais il se heurtera souvent à des impossibilités de fait quand l'acte sera passé à l'étranger.

Obliger une personne à faire à l'étranger son testament dans la forme prévue par sa loi nationale, ce serait souvent l'empêcher de tester ou l'exposer à faire un testament vicieux. En effet, si elle veut employer une des formes publiques organisées par la loi de sa patrie, elle ne trouvera généralement pas à l'étranger d'officier public compétent à cet effet. Tel sera le cas du Français voulant rédiger un testament authentique dans un pays où les notaires ou officiers publics analogues ne peuvent recevoir de testament.

Veut-elle au contraire employer une forme privée ; elle ne trouvera pas de jurisconsulte apte à la conseiller, à lui indiquer de façon précise les règles qu'elle doit observer ; elle sera donc encore en fait dans l'impossibilité de faire un testament valable.

L'application stricte du principe de soumission des sujets d'un pays à leur loi nationale relativement à la forme de leurs actes aurait donc eu un résultat justement qualifié de tyrannique. On a donc dû reconnaître la validité des actes rédigés conformément à la loi du lieu où ils étaient passés ; de là, la règle *locus regit actum ;* mais cette règle n'est qu'une exception, motivée par la nécessité pratique, au principe général que les sujets d'un pays doivent obéissance à leur loi nationale. La règle *locus regit actum* n'aura donc qu'une portée facultative : tel est à notre avis le sens de l'article 999.

Nous en concluerons qu'un Français à l'étranger pourra tester soit dans l'une quelconque des formes reconnues par la loi du lieu où il se trouve ; soit dans les formes consacrées par la loi française, ou, plus exactement, dans la forme olographe seule réalisable pratiquement à l'étranger.

Nous devons examiner maintenant dans quelle mesure l'opinion à laquelle nous nous sommes ralliés est admise en doctrine et en jurisprudence.

Il est évident, en présence des termes formels de l'article 999 *fine* que le Français pourra rédiger un testament authentique dans les formes prescrites par la loi du pays où il se trouve ; ce point n'a jamais été contesté ; mais on a prétendu autrefois que la loi française règlerait sinon les formes du testament, au moins ses conditions d'authenticité. L'articte 999 en parlant de testament authentique n'aurait eu en vue que le testament authentique organisé par le Code civil. Il faudrait donc toujours, conformément à l'article 971 du C. civ., pour que le testament du Français à l'étranger soit authentique, c'est-à-dire valable, que ce testament soit reçu par deux notaires ou au moins par un officier public : ceux-ci, quant à la rédaction même de l'acte, se conformeraient à la loi locale.

Le tribunal de Rouen a consacré cette opinion dans un jugement du 17 décembre 1839 (S, 1840, II 515), déclarant que « nulle formalité étrangère, quelque importance qu'y attachent les étrangers et quelque nom qu'ils lui donnent, ne peut suppléer la prescription de l'article 999 relative à la présence d'officiers publics capables de conférer l'authenticité. »

Nous croyons que la loi locale devra déterminer non seulement les formalités du testament, mais aussi les conditions d'authenticité.

L'article 999, ainsi que nous l'avons remarqué, a pour but de débarrasser les Français des entraves parfois très gênantes que pourrait leur apporter à l'étranger l'observation des lois françaises relatives aux formes, et de leur accorder, dans tous les cas, la possibilité de tester. Or, le système que nous combattons pourra avoir une conséquence absolument opposée à ce résultat. En effet, dans certains pays, il n'existe pas d'officier public compétent pour recevoir les testaments : en Angleterre, par exemple, la législation ne reconnait qu'une forme de testament : le testateur remet à des témoins son testament rédigé par une main quelconque, et, au besoin, non signé de lui. On devrait donc décider que nos nationaux, incapables pour un motif quelconque de rédiger un testament olographe seront, dans ces Etats, privés de la faculté de tester?

En outre, le texte même de l'article 999, interprété littéralement, ne pose nullement la distinction qu'on prétend y trouver entre les formes du testament et ses conditions d'authenticité ; en autorisant « le testament authentique fait avec les formes usitées dans le pays où cet acte sera passé », il se réfère purement et simplement à la loi locale ; il nous paraîtrait hardi de soutenir que le législateur a pris dans ce texte ce mot « authentique » plutôt dans le sens restreint que lui donnent les dispositions des articles 971 et 1317 que dans son sens étymologique et général.

Nous pensons donc que la loi locale déterminera toujours les conditions d'authenticité du testament fait par le Français à l'étranger, quand même cette loi n'exigerait l'intervention d'aucun officier public ou consacrerait même une forme de testament purement verbal.

En ce sens ont statué presque tous les auteurs (1) et la jurisprudence qui peut être considérée aujourd'hui comme définitive (2).

Citons seulement, à titre d'exemple, un arrêt de la Cour de cassation du 19 août 1858 (S. 59, I, 396) qui déclare valable et authentique le testament fait par un Français Israélite à Jérusalem, dans la forme prescrite par la loi Israélite applicable à Jérusalem, c'est-à-dire : oralement devant deux témoins qui ont recueilli par écrit les volontés du testateur.

Nous avons essayé de démontrer, en étudiant historiquement et rationnellement l'article 999, que le Français pourrait tester même suivant la forme privée du pays où il se trouve ; sur ce point, nous sommes en contradition avec la jurisprudence et quelques auteurs.

Cette question suppose naturellement que la forme privée reconnue par la loi étrangère diffère de la forme

(1) B. Lacantinerie et Colin « des donations entre vifs et des testaments», II, 155. — Weiss, *l. c.*, 680. — Despagnet, *l. c.*, 514. — Antoine, *l. c.*, 115. — Plichon, « du Français à l'étranger ». *Thèse*, Paris, 1869, 108. — Note de Colin, *Journ. dr. int. pr.*, 1897, 78.

(2) Cass. 30 nov. 1831, S. 32, I, 52. — Rouen, 21 juill. 1840, S. 40, II, 515. — Cass. 6 fév. 1843, S. 43, I, 209. — Paris, 19 avril 1853 et Pau, 26 juill. 1853, S. 53, II, 570. — Cass. 28 févr. et 3 juill. 1854, S. 54, I, 417 et 543.

olographe. Rappelons à ce sujet que le Code civil du canton des Grisons admet le testament écrit et signé par le testateur, mais non daté ; et que la loi autrichienne autorise le testateur à déclarer ses dernières volontés, même d'une façon purement verbale, à trois témoins.

M. Plichon (*loc. cit.*), pour refuser au Français la faculter de tester dans la forme privée étrangère, s'exprime ainsi : « le législateur n'a pas laissé aux Français la faculté d'adopter toutes les formes de tester qui sont usitées dans le pays où il se trouve : il a voulu que ces formes offrissent des garanties de certitude, de liberté, garanties pour lesquelles il a voulu que le Français manifestât ses dernières volontés par acte authentique ».

Ce souci qu'on prête au législateur de protéger le Français contre les défauts de la législation locale nous paraît un peu imaginaire : le même législateur a en effet admis que le mariage, acte bien plus grave que le testament, pourrait être contracté conformément à la législation locale, quelle qu'elle fût, sans éprouver de scrupule analogue à celui qu'on lui impute ici. D'ailleurs, l'argument de M. Plichon nous semble plutôt un argument d'ordre législatif : il peut donner une explication vraisemblable de la prohibition du testament privé : il ne prouve nullement que cette prohibition existe.

L'argument fondamental qu'on nous oppose est le suivant : l'article 999, dit-on, distingue nettement le testament authentique, qu'il permet de faire suivant la forme étrangère, et le testament privé qu'il autorise seulement suivant la forme française. Ce texte est clair et formel ; il s'impose à nous (1).

Nous ne croyons pas que pour bien interpréter un texte, il suffise de l'appliquer à la lettre ; il faut à notre avis rechercher si les mots employés par le législateur sont bien la traduction exacte de son intention ou ne sont pas au contraire motivés par quelque incident de rédaction ou quelque souci particulier. Or, nous avons vu, en examinant dans son ensemble l'article 999, que le législateur avait eu la volonté d'y consacrer d'une façon générale la règle *locus regit actum* : c'est seulement ensuite, pour établir la portée facultative de la règle générale ainsi posée et pour trancher une ancienne controverse que fut introduit le membre de phrase relatif au testament olographe fait dans la forme française.

Ce membre de phrase n'a donc pas du tout l'effet restrictif qu'on lui attribue ; son but unique est, sans porter atteinte à la règle *locus regit actum*, d'augmenter encore les moyens accordés au Français pour rédiger son testament. A notre avis, on viole donc la loi en interdisant au Français le testament privé fait conformément à la loi locale (2).

Il faut enfin déduire les conséquences pratiques de l'opinion que nous combattons : elle réduit notablement les facilités accordées au Français pour faire son

(1) B. Lacantinerie et Colin, *loc. cit.* II, 154. — Aubry et Rau, VII, p. 89. — Despagnet, *l. c.* — Note anonyme : *Journ. dr. int. pr.*, 1880, p. 381. — Note de Colin, *Journ. dr. int. pr.* 1897, p. 78. — Trib. Lyon. *Journ. dr. int. pr.*, 1877, p. 149. Voir cependant en sens contraire un arrêt douteux de Paris, 10 août 1872. *Journ. dr. int. pr.*, 1874, p. 128.

(2) En ce sens : Weiss, *l. c.*, p. 861. — Antoine, *l. c.*, p. 117.

testament ; dans la plupart des cas, le Français n'aura en fait à sa disposition que la forme publique du lieu où il se trouve. En effet, quoique personne ne soit censé ignorer la loi, il existe fort peu de personnes, surtout parmi celles établies à l'étranger, qui connaissent les dispositions du Code civil relatives aux formes du testament olographe. La preuve en est dans les demandes de conseils que font à cet égard presque tous les testateurs. Le Français à l'étranger ne pourra pas se renseigner facilement sur les dispositions de la loi française ; il ne pourra donc en fait tester qu'en la forme publique étrangère ; et telle est la conséquence fâcheuse que nous reprochons au système adverse.

La portée générale que nous avons reconnue à la règle *locus regit actum* implicitement posée par l'article 999 nous conduira à admettre la validité du testament mystique fait par le Français conformément à la loi du pays où il se trouve.

La Jurisprudence n'a pas encore tranché directement la question : un arrêt de la Cour de Paris du 5 août 1886 (*Jour. dr. int. pr.*, 1887-621) annule un testament fait par un Français au Vénézuéla dans la forme mystique ; pour inobservation des formalités édictées par la loi Vénézuélienne. Il semble résulter de cet arrêt que si le testateur avait observé les formes prescrites par cette loi, son testament aurait été confirmé.

La Jurisprudence nous semblerait cependant, en adoptant cette solution, ne pas être logique avec elle-même : si, comme elle l'admet, l'article 999 doit être interprété restrictivement, la forme mystique étrangère non prévue par cet article ne devrait pas être accessible au Français, pas plus que la forme privée.

Il arrivera parfois que la forme employée par le testateur ne sera pas purement la forme française, ni purement la forme étrangère, le testateur ayant observé au moins partiellement les formalités exigées par deux lois différentes.

Pour apprécier la validité d'un tel acte, le juge devra rechercher si le testament réunit du moins toutes les conditions exigées par l'une des lois que le testateur pouvait légalement observer; les autres formalités seront inutiles et superflues; mais leur accomplissement ne viciera pas le testament, suivant le principe de raison : « quod abundat non vitiat. — Utile per inutile non vitiatur ».

Ainsi, un Français avait en Angleterre rédigé, daté et signé de sa main son testament se conformant ainsi aux prescriptions de l'article 970 du Code civil; puis pour éviter à ses légataires toute difficulté d'exécution relativement aux immeubles qu'il possédait en Angleterre, il avait, suivant la loi anglaise, présenté ce testament à trois témoins qui avaient signé. Un arrêt de la Cour de Paris du 3 juin 1878 (*Journ. dr. int. pr.*, 1878, p. 613) a admis la validité de ce testament. En effet, le testateur avait, conformément à l'article 999, la faculté de faire un testament olographe; il s'était, à cet égard, conformé à la loi française; donc le testament était valable. La signature des témoins, formalité imposée par une loi à laquelle le testateur ne pouvait pas se référer suivant la jurisprudence générale, était superflue ; mais elle ne viciait pas le testament.

A notre avis, le testament était doublement valable puisqu'il observait les deux lois auxquelles, pensons-nous, le Français pouvait se soumettre valablement à son choix.

A quelles conditions sera subordonnée l'exécution en France d'un testament fait à l'étranger ?

L'article 1000 du Code civil est ainsi conçu : « Les testaments faits en pays étranger ne pourront être exécutés sur les biens situés en France qu'après avoir été enregistrés au bureau du domicile du testateur, s'il en a conservé un, sinon au bureau de son dernier domicile connu en France, et dans le cas où le testament contiendrait des dispositions d'immeubles qui y seraient situés, il devra être en outre enregistré au bureau de la situation de ces immeubles, sans qu'il puisse être exigé un double droit ».

De l'avis de tous, « l'enregistrement exigé par cet article est une formalité purement extrinsèque dont le retard ou l'omission reste sans influence sur la validité du testament » (1).

Mais, si le testament a été reçu par un officier public étranger devra-t-il être rendu exécutoire en France par une ordonnance d'exequatur ?

Un jugement du tribunal de la Seine du 21 juin 1895 (*Journ. dr. int. pr.*, 1896-406) l'a exigé, déclarant dans de trop brefs motifs que « étant passé a l'étranger devant un officier public étranger, il ne peut recevoir exécution en France qu'en vertu d'un jugement rendu par un Tribunal français ».

Nous ne nous rallierons pas à cette opinion : en principe, les actes passés dans un pays quelconque, conformément à la règle *locus regit actum,* sont exécutoires en tout pays sans aucune formalité. A cette règle générale,

(1) En ce sens : B. Lacantinerie et Colin, *l. c.*, II, 157. — Cass., 25 mai 1864, S. 64, I, 333.

nous ne connaissons que deux exceptions imposées par des textes formels, concernant les jugements et les actes constitutifs d'hypothèque. En l'absence de texte spécial, nous appliquerons purement et simplement le droit commun dans notre hypothèse, et nous déclarerons le testament fait valablement à l'étranger toujours exécutoire en France sans ordonnance d'exequatur.

Enfin, la jurisprudence et plusieurs auteurs (1) considèrent comme une règle de forme la prohibition des testaments conjonctifs qu'édicte l'article 968. Il en résulte que plusieurs Français pourront valablement faire à l'étranger leur testament dans un seul et même acte si la loi locale ne s'y oppose pas. L'argument invoqué repose sur la place qu'occupe l'article 968 dans la section intitulée : « des règles relatives à la forme des testaments ».

Le Tribunal de la Seine a statué en ce sens le 23 décembre 1881 (*Journ. dr. int. priv.*, 1882, p. 322) déclarant que « les articles 968 et 1097 visent seulement un mode de disposer qu'elles condamnent seulement à raison de sa forme et des inconvénients qui y sont attachés puisque les libéralités mutuelles et réciproques restent valables, du moment où elles sont faites par actes séparés (2) ».

Nous ne nous arrêterons pas, pour résoudre cette question, à examiner la place de l'article 968 dans le Code civil. Nous ne croyons pas que les arguments de ce genre aient jamais une bien grande valeur : ils supposent dans la classification des textes l'observation

(1) En ce sens : Aubry et Rau, VII, p. 161.

(2) Voir dans le même sens : Caen, 22 mai 1850. S. 52, II, 566.

d'une méthode absolument précise qui n'existe pas toujours. Mais, pour déterminer la nature de la prohibition de l'article 968, nous nous demanderons sur quels motifs elle repose. Or, si on examine les travaux préparatoires, on s'aperçoit que l'interdiction des testaments conjonctifs n'est qu'une conséquenee de la révocabilité des testaments (895, C. civ.). En effet, les diverses dispositions contenues dans un même testament peuvent être considérées comme mutuellement liées, comme étant en somme les conditions les unes des autres ; le législateur n'aurait donc pas pu autoriser l'un des testateurs à révoquer seul les dispositions qu'il avait prises : cela aurait été contraire à la bonne foi. De même, dans un contrat, l'un des co-contractants ne peut, sans le consentement de toutes les parties, modifier sa propre obligation. Le testament conjonctif n'aurait donc plus été révocable *ad nutum* par chaque testateur ; en d'autres termes, conformément à l'article 895, il n'aurait plus été un testament.

Le testament conjonctif qu'auraient fait plusieurs Français à l'étranger ne serait pas, aux yeux de la loi française, un testament : il ne réunirait évidemment pas d'avantage les caractères de la donation entre vifs. Ce testament constituerait donc un mode de disposition *sui generis* non prévu par l'article 892, et par suite illégal. Or, la détermination des modes de disposer touche à l'organisation de la propriété ; on doit la considérer comme une question d'ordre public international. Nous en concluerons que le juge français ne pourra jamais admettre la validité du testament conjonctif fait par des Français à l'étranger (1).

(1) En ce sens : B. Lacantinerie et Colin, *l. c.*, II, p. 17.

Le principe de révocabilité absolue du testament ne sera pas atteint quand les testateurs auront rédigé des testaments séparés, même si ces testaments, identiquement conçus, contiennent des dispositions mutuelles et réciproques et sont inscrits sur une même feuille de papier. Dans ce cas, les dispositions émanant de personnes différentes ne peuvent plus être considérées comme liées étroitement, ainsi qu'au cas de testament conjonctif; l'un des testateurs pourra révoquer seul son testament, et nous considérons ces dispositions comme valables. L'argument invoqué par le jugement du Tribunal de la Seine que nous citions plus haut ne nous arrête donc pas.

Nous nous sommes demandé jusqu'à présent dans quelle mesure les formes de testament de droit commun étaient accessibles aux Français à l'étranger; mais un français peut-il en outre tester à l'étranger devant un consul Français? La négative a été soutenue au commencement du siècle et a même été consacrée par un jugement du tribunal de la Seine du 19 mars 1823 (D. 1825, II, 228).

Cette opinion s'appuie sur l'article 999 appliqué restrictivement; ce texte, dit-on, prévoit tous les modes de testament que peuvent employer les Français à l'étranger : il n'en existe pas d'autre, Certainement, des ordonnances de l'ancien droit ont pu accorder formellement aux consuls la faculté de recevoir les testaments de leurs nationaux; mais ces anciens textes, relatifs à une matière réglée par le Code civil, sont aujourd'hui entièrement abrogés par l'article 7 de la loi du 30 ventôse an XII.

Avec la généralité des auteurs (1) et de la jurisprudence moderne, nous adopterons l'opinion contraire.

L'article 24 du titre II du livre I de l'ordonnance d'août 1681 est ainsi conçu :

« Les testaments reçus par le chancelier dans l'étendue du consulat en présence du consul et de deux témoins et signés d'eux, sont réputés solennels. »

Nous croyons que ce texte est encore en vigueur aujourd'hui. Il n'est pas exact de dire que l'ordonnance de 1681 a été abrogée par la loi du 30 ventôse an XII. En effet le Code civil n'a nullement trait aux fonctions des consuls : il règle bien la mesure dans laquelle les Français à l'étranger peuvent employer les formes de testament de droit commun ; mais il ne régit pas la compétence des consuls, et par suite l'ancienne ordonnance de 1681 n'a pas été abrogée. Il est d'ailleurs de principe que les réformes législatives générales, comme celles qu'a introduites l'article 999, n'abrogent pas, à moins de clause formelle, les dispositions spéciales qui conservent en quelque sorte leur individualité propre : *specialibus generalia non derogant*.

En outre, l'abrogation de l'ordonnance de 1681 aurait été absolument contraire au but que se proposait d'atteindre le législateur : nous avons vu en effet que l'article 999 était destiné à faciliter dans la plus large mesure aux Français à l'étranger la manifestation de leurs dernières volontés : est-il donc possible de se baser sur cet article pour enlever aux Français la faculté

(1) En ce sens : B. Lacantinerie et Colin, *l. c.*, II, p. 157. — Weiss, *l. c.*, p. 862. — Despagnet, *l. c.*, p. 288. — Antoine, *l. c.*, p. 123. — Plichon, *l. c.*, p. 125. — Note Colin, *Journ. dr. int. pr.*, 1897, p. 78. *Contrà* : Frémont. « La loi » du 11 avril 1883.

de tester devant leurs consuls? La compétence des consuls pour recevoir les actes de leurs nationaux est conforme à l'ensemble du Code civil ; plusieurs articles du Code civil (48-870) la reconnaissent expressément en d'autres matières. On tire contre nous, il est vrai, un argument a *a contrario* de ces textes ; si, dit-on, les consuls sont compétents pour recevoir les actes d'état-civil, c'est que le Code civil leur a formellement donné cette capacité. Il n'en est pas de même en matière de testaments, où l'article 999 ne fait pas allusion à ce pouvoir des consuls.

C'est encore là un de ces raisonnements dont nous n'aprécions guère la valeur en principe ; et d'ailleurs la différence de rédaction entre l'article 48 et l'article 999 peut s'expliquer ; les consuls dans l'ancien droit n'avaient pas, en règle générale, qualité pour dresser les actes d'état civil de leurs nationaux ; il était donc utile de déclarer expressément leur compétence à cet égard. Au contraire, les consuls avaient toujours reçu les testaments ; le législateur, n'introduisant donc pas de réforme sur ce point, pouvait être plus bref.

D'ailleurs, en matière même de testaments, la compétence des consuls a si peu cessé d'exister qu'elle a toujours été affirmée par le Code civil.

Jusqu'au 8 juin 1893, l'article 994 était ainsi conçu : « le testament ne sera point réputé fait en mer, quoiqu'il l'ait été dans le cours du voyage, si, au temps où il a été fait, le navire avait abordé une terre soit étrangère, soit de la domination française, où il y aurait un officier public français. » Cet article suppose donc sur le territoire étranger l'existence d'un officier public capable de recevoir les testaments ; il fait évidemment allusion aux consuls.

Depuis la loi du 8 juin 1893, l'article 988 affirme encore plus formellement la compétence du consul : « Au cours d'un voyage maritime, soit en route, soit pendant un arrêt dans un port, lorsqu'il y aura impossibilité de communiquer avec la terre ou lorsqu'il n'existera pas dans le port, si l'on est à l'étranger, d'agent diplomatique ou consulaire français investi des fonctions de notaire... »

Nous devons donc décider que les consuls français peuvent, conformément à l'ordonnance de 1681, recevoir les testaments de leurs nationaux.

Notons que ce ne sont pas les consuls eux-mêmes qui recevront les testaments, mais bien les chanceliers de consulat, ou, à défaut de consulat, les chanceliers d'ambassade.

La jurisprudence a toujours admis, depuis 1825, la compétence des consuls (1).

Enfin cette compétence a été reconnue par une circulaire du ministre des affaires étrangères du 22 mars 1834.

Marcadé (Tome V, art. 999) admet bien la compétence des chanceliers de consulat, mais en se fondant sur un motif différent. Suivant cet auteur, l'ordonnance de 1681 « sur la marine » aurait été abrogée par le Code civil qui contient des dispositions relatives au testament maritime.

Mais l'ordonnance du 24 mai 1728, l'édit de juin 1778

(1) En ce sens : Dijon, 9 avril 1879, S. 83, I, 249. — Trib. Grasse, 11 août 1880. *Journ. dr. int. pr.*, 1882, p. 320. — Aix, 30 mars 1881, S. 82, II, 241. — Cass., 20 mars 1883, S. 83, I, 249. — Cass. 3 juin 1891, S. 93, I, 401.

(art. 8) (1) et l'ordonnance du 3 mars 1781, attribuant aux chanceliers de consulat les fonctions de notaires sont encore en vigueur, et c'est à ce titre que les chanceliers peuvent recevoir les testaments.

En réalité, Marcadé attache peut-être un peu trop d'importance au titre de l'ordonnance de 1681 « sur la marine », quand il en conclue que le Code civil, traitant du testament maritime, a abrogé toute cette ordonnance. L'ordonnance contient plus que son titre ne semble l'indiquer, puisque l'article 24 que nous avons invoqué est relatif au testament reçu à terre par les consuls. Nous n'hésiterons pas à déclarer abrogées les dispositions de l'ordonnance relatives au testament maritime dont le Code civil s'est occupé ; mais il nous semblerait hardi d'étendre la même solution aux dispositions relatives au testament reçu à terre par les consuls, matière sur laquelle le Code civil est muet.

Quelles formalités devra observer le chancelier du consulat recevant un testament?

Suivant une première opinion (2), le testament sera valable à la seule condition que les formes exigées par l'ordonnance de 1681 aient été remplies ; il suffira donc que le testament ait été reçu par le chancelier en présence du consul et de deux témoins et signé d'eux. L'ordonnance de 1681, dit-on, constitue une législation spé-

(1) « Celui des officiers du consulat commis à la chancellerie remplira, sous la foi du serment qu'il aura prêté, les fonctions de greffier... ainsi que celles de notaire. » (Edit de 1778).

(2) En ce sens : Aubry et Rau, VII, p. 90, note 2. — Dijon, 9 avril 1879. S. 83, 1, 249. — Trib. Grasse, 11 août 1880 et Aix, 30 mars 1881. *Journ. dr. int. pr.*, 1882, p. 320.

ciale, se suffisant à elle-même et non abrogée par les dispositions générales du Code civil.

Un deuxième système au contraire (1), considérant que les chanceliers, aux termes des ordonnances de 1728 et 1781 et de l'édit de 1778, remplissent les fonctions de notaire, exige que ces chanceliers se conforment aux règles imposées d'une façon générale aux notaires, c'est-à-dire au Code civil et aux lois spéciales du notariat.

Nous avons admis que l'ordonnance de 1681 n'était pas abrogée ; les chanceliers devront donc observer les formalités de cette ordonnance. Mais il est certain que les chanceliers sont des notaires, et nous pensons qu'ils devront donc en outre se conformer aux règles imposées de droit commun aux notaires. Il semble d'ailleurs que l'ordonnance de 1681, si concise sur ce point, n'ait pas entendu régir à elle seule les formalités du testament, mais ait, au contraire, renvoyé à cet égard aux règles de droit commun. Cette opinion est aujourd'hui généralement admise en doctrine et en jurisprudence (2).

Relevons seulement les motifs donnés par un arrêt de la Cour de Rennes du 30 juin 1890 (*Journ. dr. int. pr.*, 1890, p. 693) : « Considérant que l'ordonnance de 1681 ne se suffit pas à elle-même et que si elle attribue compétence au chancelier de consulat pour recevoir les

(1) Marcadé, V, art. 999.

(2) Weiss, p. 863. — Despagnet, *l. c.*, p. 288. — Note de Colin, *Journ. dr. int. pr.*, 1897, p. 78. — Cass. 4 fév. 1863. D. 63, I, 306. — Cass. 20 mars 1883, S. 83, 1, 249. — Cass. 3 juin 1891 (*Journ. dr. int. pr.*, 1891, p. 975). — Cass., 23 janv. 1893, S. 93, 1, 401.

testaments, elle ne détermine pas toutes les conditions d'exercice de son pouvoir, et se réfère implicitement, mais nécessairement, aux règles ordinaires pour la rédaction de cet acte ; qu'il suffit, en effet, de consulter l'article 994 du Code civil et de se reporter aux coutumes, à l'arrêt de règlement du 4 septembre 1685, et à l'ordonnance du 7 août 1735, dont les dispositions sont aujourd'hui remplacées par celles du Code civil et de la loi du 25 ventôse, an XI, pour reconnaître que le législateur n'a jamais entendu dispenser l'agent consulaire des formalités que le droit commun impose à tout officier public. »

Une dernière conséquence résultera de ce que les chanceliers recevant des testaments doivent être considérés comme des notaires et non comme des agents diplomatiques : ces chanceliers seront, comme les notaires, responsables de leurs fautes vis-à-vis des parties. Ils pourront notamment être passibles de dommages-intérêts, à raison de l'inobservation de formalités, et l'autorité judiciaire sera compétente pour apprécier leur responsabilité (1).

II

Testament de l'étranger.

A. Le code civil ne règle pas expressément les formes du testament de l'étranger en France. Mais nous avons vu que, plusieurs articles du Code civil, notamment

(1) En ce sens : Trib. des conflits, 6 avril 1889. *Journ. dr. int. pr.*, 1889, p. 853.

l'article 999, faisant des applications de la règle *locus regit actum*, nous devions considérer cette règle comme admise tacitement par le législateur ; les travaux préparatoires d'ailleurs nous y autorisent ; nous avons vu enfin, en étudiant l'article 999, que la règle *locus regit actum* n'avait qu'une portée facultative, ainsi que la raison le commande.

Nous déciderons donc que l'étranger pourra tester en France, soit dans l'une quelconque des formes de la loi française, soit dans celles des formes prévues par sa loi nationale qu'il pourra pratiquement employer en France.

Et, tout d'abord, l'étranger pourra faire en France un testament authentique ou un testament mystique, en se conformant aux prescriptions du Code civil. Cette règle, absolument incontestée, présentera pour son application pratique certaines difficultés, dans le cas où le testateur ignorera la langue française.

Comment devra procéder le notaire qui recevra dans ces conditions le testament authentique ?

Il faut supposer évidemment que le notaire connaît la langue de l'étranger, sinon, il ne peut pas recevoir les déclarations du testateur.

Le notaire devra-t-il rédiger le testament dans la langue du testateur ? L'article 972 semble, au premier abord, imposer cette conclusion ; car, aux termes de cet article, le notaire doit écrire le testament « tel qu'il est dicté ». D'autre part, un arrêté du 24 prairial, an XI, ayant force de loi, prescrit d'écrire tous les actes publics en français ; les parties pourront seulement exiger qu'il soit fait en marge une traduction de l'acte dans leur langue.

On a cru voir parfois entre ces textes une antinomie irrésoluble : nous pensons qu'on peut les concilier.

Le notaire doit transcrire les volontés du testateur, à mesure que celui-ci les exprime, et sans en modifier en aucune façon le sens ni la portée : telle est, à notre avis la signification de l'article 972. Evidemment, si le testament est dicté en français, le meilleur moyen pour le notaire de se conformer à la loi, consistera à transcrire littéralement les paroles du testateur. Mais, si le testament est dicté dans une langue étrangère, le notaire qui ne peut rédiger un acte dans un idiome étranger observera la prescription de l'article 972, en traduisant lui-même en français, aussi exactement que possible, les paroles du testateur, et en écrivant cette traduction.

Le notaire pourra, en outre, pour faciliter la lecture de l'acte au testateur, faire en marge une traduction étrangère : mais en cas de divergence entre les deux textes on devra se référer de préférence au texte français, qui seul constitue véritablement le testament, puisqu'un acte public ne peut être écrit qu'en langue française.

Cette solution, admise par la jurisprudence et par quelques auteurs (1), a été recommandée par une circulaire du Grand Juge du 4 thermidor an XII.

On a reproché à cette solution de ne pas donner au testateur le moyen de contrôler le texte principal de son testament, dans lequel le notaire aura peut-être transformé ses paroles, et on a proposé, pour remédier

(1) Cass., 3 août 1891, D. 93, 1, 31. — Bastia, 11 nov. 1889, S. 90, II, 151. — Aubry et Rau, VII, p. 98.

à cet inconvénient, la pratique suivante (1) : le notaire écrirait le testament dans la langue étrangère et ne ferait la traduction française qu'en marge, le texte étranger étant, en cas de divergence, considéré comme préférable.

Il nous semble que cette solution aboutit à la violation de l'arrêté de prairial an XI ; les Tribunaux auront à interpréter un testament écrit dans une langue qu'ils ne connaîtront pas : il y aura là une source de difficultés et peut-être d'erreurs.

Notre solution a au contraire l'avantage de respecter en même temps l'article 972 du Code civil et l'arrêté de l'an XI.

Un arrêt de la Cour de Saint-Louis du Sénégal du 26 juillet 1876 (S. 79, II, 73) a autorisé l'intervention d'un interprète qui traduirait au notaire, ne connaissant pas l'idiome du testateur, les paroles de ce dernier. Cette opinion méconnaît absolument l'article 972 qui exige que le notaire transcrive les volontés du testateur sous sa dictée ; l'interprète, personnage privé, ne présentera pas, quant à la sincérité de la traduction, les garanties qu'on trouve chez le notaire.

Les témoins au testament authentique devront à notre avis connaître également la langue de l'étranger. Leur intervention a lieu principalement en effet dans le but de sauvegarder la liberté du testateur. Ne comprenant pas les paroles du testateur, ils pourront bien constater que le testateur ne cède pas à une violence physique actuelle. Mais comment pourront-ils remarquer l'incertitude ou l'hésitation de ses déclarations, com-

(1) Voir B. Lacantinerie et Colin, II, p. 89.

ment pourront-ils contrôler la conformité de l'acte avec les paroles du testateur quand le notaire en donnera lecture? En d'autres termes, les témoins au testament authentique ne doivent pas se borner à constater des faits matériels ; auxiliaires du notaire, ils ont, comme lui, une mission de contrôle plus intellectuel à exercer ; la loi, en exigeant leur présence durant la dictée et la lecture de l'acte, prouve bien que tel est leur rôle ; et, pour le remplir conformément au vœu de la loi, ils doivent pouvoir saisir le sens des paroles du testateur (1).

Nous appliquerons les mêmes solutions au testament mystique ; l'étranger pourra rédiger ce testament en langue étrangère ; l'arrêté de Prairial ne concerne en effet que les actes publics et le testament mystique en tant qu'écrit par le testateur est un acte privé. Mais l'étranger devra présenter son testament à un notaire et des témoins connaissant sa langue et capables de comprendre soit sa déclaration verbale, soit la mention indiquant que le document présenté est le testament de l'étranger (cas de l'art. 979, C. civ.). L'acte de suscription, acte public, sera rédigé en français.

Nous avons décidé, en second lieu, que l'étranger pourrait en France tester en la forme olographe, conformément à l'art. 970. Son testament pourra être rédigé en langue étrangère (2) ; en effet, l'article 970 n'exige comme conditions de validité que la date, l'écriture et la signature du testateur (3).

(1) En ce sens : Rennes, 8 janvier 1884, S. 85, II, 214. — *Contrà* : Cass. 14 juillet 1818, S. chr. — Cass. Belgique : 5 mai 1887, S. 88, IV, 9.

(2) En ce sens : Bordeaux, 26 janvier 1829, S. chr.

(3) Nous admettrions la validité du testament fait par un étranger en

Laurent (*Dr. civil international*, VI, p. 687) a soutenu autrefois que l'étranger ne pourrait employer qu'une forme publique du testament; en effet, disait-il, l'article 999 ne consacre la règle *locus regit actum* que relativement aux testaments publics; mais il laisse le testateur soumis à sa seule loi nationale quant à l'emploi des formes privées. Nous avons montré que tel n'était pas le sens véritable de l'article 999 et que sa rédaction s'expliquait par l'intention qu'avait eue le législateur, tout en consacrant de façon générale la règle *locus regit actum*, de ne lui accorder qu'une portée facultative.

Les auteurs qui pensent que l'article 999 ne fait qu'introduire en faveur du Français une exception à la règle *locus regit actum* en principe obligatoire, concluront comme nous que l'étranger peut tester en France dans la forme olographe.

Cette opinion est aujourd'hui unanimement admise (1).

Nous estimerons aptes à tester dans la forme olographe française même les étrangers auxquels leur loi nationale refuserait cette faculté (2). (Le Code civil

France en observant les formalités prescrites par la loi française et par la loi étrangère; il y aurait là une application du principe : « utile per inutile non vitiatur » analogue à celle que nous avons signalée plus haut, relativement au testament fait par un Français à l'étranger, en observant à la fois la loi étrangère et la loi française. — Voir note anonyme dans le *Journ. de dr. int. pr.*, 1896, p. 566.

(1) Weiss, *l. c.*, p. 860. — Despagnet, *l. c.*, p. 502. — Antoine, *l. c.*, p. 110. — Cass. 25 août 1847, S. 47, 1, 712. — Cass. 9 mars 1853, S. 53, I, 274.

(2) En ce sens : B. Lacantinerie et Colin, II, p. 163.

néerlandais, art. 992, n'autorise pas en principe le testament olographe).

M. Despagnet a statué en sens contraire. « Il n'est pas douteux, dit-il, que le législateur qui prohibe l'emploi du testament olographe pour ses nationaux entend limiter leur capacité afin de sauvegarder leurs intérêts qu'il craint de voir compromis par les captations ou suggestions que facilite la forme olographe et qu'il veut établir à leur égard une règle d'ordre public interne, obligatoire pour eux en pays étranger, une modification de leur statut personnel que les tribunaux étrangers doivent respecter puisqu'elle n'est nullement contraire à l'ordre public international. » (*Revue pratique de dr. int. pr.*, 1890-91 — I. 156).

Il est certain que les lois qui restreignent la capacité des personnes sont faites généralement pour les protéger. D'autre part, les lois qui entourent le testament de certaines formalités cherchent à atteindre le même but. Mais, entre ces deux groupes de lois, entre ces deux sortes de protection, il y a une différence importante. Les premières sont destinées à prémunir l'homme contre les dangers que peut lui faire courir sa nature personnelle : faiblesse de l'intelligence, incapacité tenant à l'âge ou au sexe, etc. C'est évidemment la loi nationale de l'intéressé qui, connaissant le mieux sa nature, sera la plus apte à prendre ces sortes de mesures.

Au contraire, les lois entourant les testaments de formalités cherchent à mettre le testateur à l'abri des suggestions ou des captations, c'est-à-dire de dangers extérieurs dans les divers pays où le testateur pourra se rendre. Il est donc nécessaire et suffisant que la loi locale régisse ces formalités en prévision des dangers locaux auxquels le testateur sera exposé. (Naturellement le testateur étranger pourra, en choisissant la forme édictée par sa loi nationale, renoncer à la protection facultative que lui offre la loi locale). Prenons l'hypothèse même sur laquelle raisonne M. Despagnet : le législateur néerlandais a interdit le testament olographe parce qu'il a pensé que dans sa patrie cette forme prêterait à une foule de manœuvres illicites qui annihileraient la liberté du testateur. Le Néerlandais, testant en France, ne courra pas les mêmes risques ; il pourra donc employer la forme olographe que le législateur français a entourée de formalités jugées par lui suffisantes en France.

Notons d'ailleurs que l'opinion de M. Despagnet appliquée logiquement nous conduira souvent à refuser à l'étranger tout moyen de tester : il en sera ainsi quand l'étranger ne pourra pas tester dans la forme de sa loi nationale, et quand la loi du pays où il se trouvera entourera le testament de formalités moindres que celles de sa loi nationale.

C'est principalement pour ce dernier motif que la Jurisprudence adopte notre système. Ainsi la Cour de cassation, dans un arrêt du 25 août 1847 (S. 47, I, 712) a validé le testament olographe fait à Paris par un Anglais, la loi anglaise ne reconnaissant pas la forme olographe, pour les motifs suivants : « Attendu que la forme extérieure et la solennité des actes sont déterminés par la loi des pays où ces actes sont passés, que ce principe s'applique au testament et qu'en conséquence la forme en est régie par la loi du pays, où le testateur se trouve ; qu'autrement l'étranger pourrait, quand il est hors de son pays, se trouver empêché de tester par l'impossibilité de recourir aux formes exigées par les lois de son domicile ; que les lois qui déterminent les formes dans lesquelles doit être rédigé le testament ne touchent pas à la capacité du testateur, mais seulement aux solennités extérieures qui doivent accompagner l'expression de sa volonté (1). »

Nous estimons que l'étranger pourra en troisième lieu tester en l'une des formes reconnues par sa loi nationale. Ceci résulte encore pour nous du caractère facultatif de la règle *locus regit actum*.

De nombreuses controverses ont été soulevées sur ce point : on a contesté notre opinion en disant que l'article 999 considère la règle *locus regit actum* comme obligatoire et n'y admet qu'une seule exception au profit du Français à l'étranger ; or, cette exception ne doit pas être étendue à l'étranger en France. Nous n'avons pas à revenir sur l'interprétation de l'article 999 ; nous avons déjà essayé de montrer que cet article ne contenait qu'une application particulière de la règle *locus regit actum* facultative et que par suite il fallait reconnaître à l'étranger la faculté de tester dans ses formes nationales. L'opinion que nous admettons compte les suffrages de quelques auteurs (2), mais elle n'est généralement pas consacrée par la Jurisprudence.

La Jurisprudence avait depuis longtemps décidé que

(1) Voir dans le même sens : Trib. Marseille, 4 décembre 1880. *Journ., dr. int. pr.* 1882, p. 426. — Orléans, 3 août 1859, D. 59, II, 158.

(2) En ce sens : Weiss, *l. c.*, p. 864. — Antoine, *l. c.*, p. 113. — Plichon, *l. c.*, p. 110. — Note anonyme, *Journ. dr. int. pr.*, 1895, p. 784. *Contrà* : Laurent, *l. c.*, XIII, p. 121.

l'étranger ne pouvait tester en France que dans l'une des formes françaises (En ce sens : Cass. 9 mars 1853, S. 53, I, 274. — Trib. Seine, 23 juill. 1891, *Journ. dr. int. pr.*, 1892, p. 231. — Paris, 11 août 1892, *Jour. dr. int. pr.*, 1893, p. 418) quand le tribunal de la Seine, dans un jugement du 28 juin 1895, statua en sens contraire et valida le testament fait en France par un Anglais dans la forme anglaise, « considérant que la règle d'après laquelle la forme des actes est soumise à la loi du lieu où ils sont passés n'est pas absolue ni d'ordre public ; qu'ainsi en matière de testament, l'art. 999 du Code civil admet la validité du testament olographe fait par un Français en pays étranger, même si cette forme n'est pas la loi du lieu où l'acte a été rédigé ; que, dans la cause, aucun intérêt français ni aucun privilège de droit public français ne réclame la nullité du testament fait par un Anglais dans la forme prescrite par son statut personnel ».

Mais ce jugement fut réformé par la Cour de Paris qui consacra, à nouveau, la doctrine traditionnelle de la jurisprudence, le 2 décembre 1898 (Gaz. Trib. 1899, II, 188). « Considérant qu'il ressort des travaux prépatoires du Code civil que la règle *locus regit actum* n'a point été abrogée : que si elle n'a point été formulée expressément dans les articles préliminaires, c'est qu'il a paru inutile de rappeler un principe de législation supérieur et incontesté ; que son application n'est point facultative pour les Tribunaux, mais doit être considérée comme d'ordre public ; qu'on objecte vainement les dispositions de l'article 999 du Code civil français qui reconnaît comme valable en France le testament olographe fait par un Français dans un pays dont la législation n'admet pas cette forme de testament ; que cette exception admise par la loi française en faveur du Français n'entraîne pas nécessairement une réciprocité en faveur de l'étranger ; qu'il est de principe que toute exception est de droit étroit et ne peut être étendue par voie d'analogie. »

B. Nous avons montré que la règle *locus regit actum* était non pas une disposition spéciale à la législation française, mais une règle logique et pratiquement nécessaire que reconnaissent la plupart des législations étrangères. Nous en conclurons que le juge français devra aprécier suivant cette règle la validité des testaments faits par des étrangers à l'étranger; ces testaments seront valables s'ils remplissent les conditions prescrites par la loi locale ou par la loi nationale des testateurs (1).

Quant à la validité des testaments reçus par les agents diplomatiques ou consulaires étrangers, elle dépendra de la loi qui déterminera les pouvoirs de ces agents.

(1) En ce sens : B. Lacantinerie et Colin, II, p. 164. — Paris, 5 août 1886. *Journ. dr. int. pr.*, 1887, p. 621.

CHAPITRE II

CONDITIONS DE FOND DU TESTAMENT

Le testament, régulier en la forme, devra en outre pour produire ses effets avoir été fait par une personne capable de disposer au profit d'une personne capable de recevoir et ne contenir que des dispositions licites.

I. La capacité de recevoir ou de disposer par testament n'est qu'une partie de la capacité générale et doit être dès lors régie, conformément à l'article 3-3° du Code civil, par la loi nationale de l'intéressé (1).

On a voulu appliquer en cette matière la loi successorale ; mais cette opinion n'a généralement pas prévalu et nous l'écarterons pour les motifs qui nous ont déterminés à adopter la solution contraire relativement à la capacité en matière de succession *ab intestat*. Le mineur ne pourra donc absolument pas tester ou pourra disposer de tout ou partie de son patrimoine, li-

(1) Voir sur cette question : B. Lacantinerie et Colin, *l. c.*, II, pp. 267, et s. — Antoine, *l. c.*, chap. 3, § I. — Pillet, *l. c.*, chap. III, § 3.

brement ou en observant certaines formalités suivant les prescriptions de sa loi nationale (1).

On a vainement essayé de soutenir que la règle posée par l'article 904 *fine* était une règle relative à la réserve, et, comme telle, soumise à la loi successorale. Il suffit, pour réfuter ce système, de remarquer que le mineur de seize ans ne pourra léguer plus de moitié de ses biens, même s'il ne laisse aucun héritier ; au profit de qui existerait donc alors la réserve ? L'article 904 établit donc bien une véritable incapacité, soumise dès lors à la loi nationale du mineur.

De même, la femme mariée pourra tester avec ou sans autorisation maritale, ainsi que l'ordonnera sa loi nationale, et sans qu'il y ait lieu de considérer ni la loi du lieu où sera rédigé le testament, ni la loi de situation des biens légués. C'est ainsi qu'un arrêt de la Cour de Paris du 10 août 1872 (*Journ. de dr. int. priv.*, 1874, p. 128) a décidé qu'une femme mariée française pouvait valablement tester sans autorisation en Californie, quoique la loi californienne exigeât en ce cas le consentement du mari (2).

Nous n'avons pas à nous arrêter aux autres applications générales de notre règle, notamment en cas d'interdiction et de prodigalité, en cas de naissance d'un enfant non viable, qui n'offrent pas de difficulté ; nous étudierons seulement les quelques points qui ont soulevé des discussions.

(1) Notons à cet égard que le mineur anglais ne peut aucunement tester ; l'Espagnol, majeur de 14 ans, peut pleinement tester ; et l'Autrichien mineur de 18 ans doit tester devant notaire ou avec autorisation de justice.

(2) Dans le même sens : Trib. Seine, 5 août 1881, *Journ. dr. int. pr.*, 1882, p. 617.

Il est évident que la loi nationale du disposant et du gratifié devra être écartée quand elle se heurtera à une loi considérée comme d'ordre public international dans le pays où son application sera demandée. Nous avons déjà rangé parmi ces lois contraires à l'ordre public en France les lois prononçant l'incapacité des personnes de couleur, des hérétiques, des moines, etc. (1).

On s'est demandé parfois si les jugements rendus en matière criminelle par des Tribunaux étrangers et prononçant des incapacités de recevoir ou de disposer à titre gratuit pourraient être exécutés en France. La jurisprudence et la majorité des auteurs (2) ont décidé qu'il serait contraire au principe de souveraineté nationale de donner effet à ces jugements en dehors du territoire de l'Etat dans lequel ils ont été rendus.

Remarquons, sans étudier la question qui est en dehors de notre programme, que M. Despagnet (*l. c.*, p. 253) décide, au contraire, que les jugements criminels modifiant la capacité civile du condamné le suivent en quelque lieu qu'il passe, et que M. Weiss (*l. c.*, p. 621) admet la même solution au cas où le jugement frappe un sujet du pays dans lequel il a été rendu.

Si nous nous rallions à cette opinion, nous avons à nous demander si un individu considéré comme mort civilement par la loi de son pays peut néanmoins disposer ou recevoir à titre gratuit en France. Rappelons que dans le titre précédent, relatif aux successions *ab intestat*, nous avons décidé qu'en présence de l'article 3 de la loi du 31 mai 1854, il était difficile de con-

(1) En ce sens : Weiss, *l. c.*, p. 858.

(2) En ce sens : Garraud, *Précis de dr. criminel*, p. 149. — Cass., 14 avril 1868, S. 68. I, 183.

sidérer comme contraire à l'ordre public en France l'incapacité absolue de disposer ou de recevoir à titre gratuit résultant d'une condamnation.

A quelles conditions une personne morale étrangère pourra-t-elle recueillir un legs en France?

Il faudra tout d'abord évidemment que l'existence juridique de cette personne soit reconnue par la loi française. A défaut de loi spéciale ou de traité, une personne morale, par cela seul qu'elle sera reconnue par la loi étrangère, aura-t-elle en France une existence légale? Cette question a soulevé de très vives controverses; nous ne devons l'examiner ici que sommairement.

Un avis du Conseil d'Etat du 12 janvier 1854 et plusieurs auteurs ont répondu affirmativement (1) ; ils invoquent le motif suivant : la loi du 14 juillet 1819 art. 1, reconnaît la capacité de recevoir à titre gratuit à tout étranger sans distinction, c'est-à-dire personne physique ou personne morale.

Nous admettrions plus volontiers l'opinion contraire (2). Les personnes morales ne sont que des fictions légales n'existant dès lors qu'en vertu d'une disposition de loi expresse. Il serait en dehors des attributions du législateur de créer de telles fictions dans un pays étranger qu'il n'a pas à régir.

La loi du 14 juillet 1819 n'est pas un argument pour l'opinion contraire; sa généralité même implique qu'elle ne comprend que les personnes physiques, qui

(1) Voir notamment Ducrocq, *Cours de dr. adm.*, tome II, n°s 1599 et s.

(2) En ce sens : Weiss, *l. c.*, p. 145. — Aubry et Rau, I, p. 888. — B. Lacantinerie et Colin, *l. c.*, I, p. 147. Cass., 1 août 1860, S. 60. 1. 865.

ne sont privées d'un droit qu'en vertu d'une déclaration formelle de la loi et non les personnes morales n'existant juridiquement que par la loi et ne possédant que les droits expressément reconnus par la loi.

La question s'est posée spécialement à propos de legs fait à un Etat étranger. Tout le monde admet que les Etats étrangers régulièrement constitués ont en France la personnalité ; mais cette personnalité n'existe que pour leur permettre de réaliser leur destination sociale, c'est-à-dire au point de vue politique ; la capacité de recevoir un legs n'étant pas nécessaire à l'Etat étranger pour remplir en France son rôle d'Etat, ne doit pas lui être reconnue en principe (1).

La personne morale reconnue par la loi française ne pourra recueillir un legs sans l'autorisation du gouvernement. La règle de l'article 910 du Code civil, destinée en effet à soumettre au contrôle des pouvoirs publics la constitution des fortunes des personnes civiles, doit être considérée comme d'ordre public international. Le Conseil d'Etat a statué formellement en ce sens dans l'avis du 12 janvier 1854 (S. 55. II, 800), et les auteurs se sont unanimement ralliés à ce système (2).

Les incapacités absolues et surtout les incapacités relatives donneront lieu à quelques difficultés quand le disposant et le gratifié ne seront pas de la même nationalité. Il faudra, alors, comme toujours, appliquer la loi nationale des intéressés ; mais sera-ce la loi du dispo-

(1) En ce sens : Moreau, *Journ. dr. int. pr.*, 1892, p. 337.

(2) Voir : Ducrocq, *l. c.*, — Weiss, *l. c.*, p. 859. — Despagnet, *l. c.*, p. 518.

sant ou celle du gratifié ? Selon certains auteurs, il faudrait, pour résoudre la question, examiner la manière dont l'incapacité est posée par les textes et rechercher si, d'après les termes employés par le législateur, l'incapacité semble atteindre plutôt le disposant ou le gratifié. Ainsi, dit-on, dans le cas prévu par l'article 907-1° c'est le mineur lui-même qui est déclaré incapable de disposer au profit de son tuteur ; on devra donc appliquer la loi nationale du mineur. Au contraire, dans l'hypothèse de l'article 909 « les docteurs en médecine ne pourront profiter des dispositions faites en leur faveur par leurs malades, etc. », le législateur frappe ici d'incapacité le médecin lui-même : la loi nationale de ce dernier fixera la mesure de son incapacité.

Nous n'approuvons pas cette méthode qui ne tient compte que des formules employées par la loi : nous pensons qu'on doit plutôt chercher l'intention du législateur derrière les expressions qu'il a choisies. Le législateur, en édictant des incapacités, a eu en vue de proscrire les libéralités faites par certaines personnes au profit d'autres personnes ; pour parvenir à ce but, il avait deux moyens : déclarer le disposant incapable de disposer, ou déclarer le gratifié incapable de recevoir. Dans les deux cas, le résultat étant le même, on comprend que le législateur ait sans motif sérieux choisi l'une ou l'autre des deux formules et il est dès lors impossible d'appuyer une solution juridique sur des termes employés peut-être un peu aveuglément.

Il faudra donc, à notre avis, examiner les motifs des incapacités posées ; ces incapacités ont-elles pour but de protéger le disposant contre des captations probables ou contre tout autre danger, la loi nationale du disposant sera seule applicable. Le législateur a-t-il voulu au contraire atteindre le gratifié et le frapper d'une sorte de déchéance, il faudra se référer à la loi nationale du gratifié.

Ainsi, pour reprendre les exemples déjà cités, l'incapacité du mineur à l'égard de son tuteur, édictée par l'article 907, est destinée à éviter au mineur les abus d'autorité de son tuteur ; la loi nationale du mineur protégera donc ce dernier dans ce cas comme dans tous les autres cas ; il en résultera que le mineur dont la loi nationale n'édictera pas d'incapacité analogue à celle de l'article 907 pourra librement disposer au profit de son tuteur même français.

De même, les incapacités des articles 909 (legs par le malade au médecin et au ministre du culte) — 995 (legs fait en mer par un passager au profit d'officier du vaisseau) — loi 24 mai 1825, art. 5 (legs fait par l'un des membres d'une congrégation de femmes au profit de la congrégation ou de l'un de ses membres) ont pour unique but de sauvegarder la liberté du disposant contre les captations et abus de toute sorte auxquels il est exposé ; la loi nationale du disposant sera donc seule applicable.

On a voulu parfois étendre la même solution à l'incapacité dont l'article 908 frappe les parents à l'égard de leurs enfants naturels reconnus, en cas d'existence d'enfants légitimes ; il n'y aurait là, a-t-on prétendu, qu'une règle posée en faveur des parents naturels pour les prémunir contre les entraînements dangereux.

Nous ne pensons pas que l'article 908 pose une règle d'incapacité proprement dite ; cet article est bien, il est vrai, inscrit au chapitre intitulé « de la capacité de disposer ou de recevoir par donation ou par testament », il est bien placé entre deux articles 907 et 909 qui sont certainement tous deux relatifs à la capacité ; mais ces remarques purement extérieures ne nous convainquent pas. En réalité, les dispositions de l'article 908 nous apparaissent comme ayant un caractère tout différent. Remarquons en effet que l'incapacité variera dans son étendue suivant la composition de la famille. Elle ne pourra être invoquée que pour certains héritiers légitimes. La validité du legs enfin ne pourra être connue qu'après la mort du disposant et non au jour de la libéralité. Sont-ce là les caractères d'une incapacité et ne doit-on pas décider plutôt que l'article 908 établit une quotité disponible spéciale à l'égard des enfants naturels analogue à la quotité disponible spéciale à l'époux ?

La disposition de l'article 908, qui d'ailleurs renvoit formellement aux règles de la succession *ab intestat* auxquelles il semble servir de sanction, nous apparaît donc comme régissant une véritable question de réserve, qui, comme toutes les questions de réserve, sera soumise, ainsi que nous le verrons plus loin, à la loi successorale, c'est-à-dire, à notre avis, à la loi nationale du défunt (1).

Certains auteurs (2) ont soutenu que l'article 908, « étant une disposition d'ordre public international inspirée par le respect des mœurs, par la protection qui est due au mariage et aux droits de la famille légitime dont elle empêche la violation », sera toujours applicable en France.

Cette opinion pouvait se justifier avant la loi du 25 mars 1896 ; il semble aujourd'hui que l'indisponibilité

(1) En ce sens : Despagnet, *l. c.*, p. 518.

(2) En ce sens : Weiss, *l. c.*, p. 860. — Aubry et Rau, I, p. 84.

spéciale édictée par l'article 908, limitée au cas d'existence d'enfants légitimes, ne soit pas considérée comme une règle de morale supérieure, mais seulement comme une disposition relative à la réserve ; or, comme nous le verrons plus loin, les règles concernant la réserve ne sont pas généralement considérées comme d'ordre public.

La jurisprudence n'a pas encore statué directement sur notre question : plusieurs arrêts ont admis que la libéralité excessive faite à l'enfant naturel n'était pas contraire à l'ordre public et pouvait être ratifiée par les héritiers légitimes du disposant (1). Au contraire, d'autres arrêts ont incidemment déclaré d'ordre public la prohibition de l'article 908 : ils en tiraient la conséquence que toute personne intéressée, même non parente, pouvait invoquer la nullité. Ces arrêts sont naturellement antérieurs à la loi du 25 mars 1896 (2).

En présence de ces divergences, il est plus que jamais difficile de prévoir la solution qu'adopterait la jurisprudence sur notre question ; cependant les modifications apportées par la loi du 25 mars 1896 à l'article 908, nous font plutôt supposer que la solution à laquelle nous nous sommes ralliés serait consacrée.

Nous estimons au contraire que les dispositions du Code civil, rendant les enfants adultérins et incestueux incapables de recevoir toute espèce de legs, devront être considérées comme d'ordre public international : les travaux préparatoires nous montrent en effet que cette

(1) En ce sens : Rennes, 26 juillet 1843, S. 44, II, 341. — Toulouse, 7 février 1844, S. 45, 2, 56.

(2) Cass. 7 fév. 1865, S. 65, I, 105. — Paris, 6 août 1872, S. 72, II, 311.

solution a été adoptée dans un but de morale supérieure et l'article 908 n'a pas été modifié à cet égard par la loi du 25 mars 1896.

Dans quelques cas, la loi frappe certaines personnes d'incapacité parce qu'elle les présume personnes interposées ; ces dispositions peuvent être considérées comme faisant corps avec les incapacités mêmes qu'elles ont pour but de sanctionner, et dès lors elles seront soumises à la loi qui régit les incapacités suivant les distinctions que nous avons établies.

II. Quelles dispositions pourra contenir le testament ? C'est à notre avis la loi successorale qui répondra à cette question, la loi successorale doit déterminer en principe de quelle manière il sera permis au testateur de déroger aux règles de la succession *ab intestat* ; mais la disposition que le testateur aura ainsi effectuée conformément à la loi successorale ne produira ses effets que si elle n'est pas contraire aux lois d'ordre public du lieu où sont situés les biens légués.

Un Français ne pourra donc jamais introduire dans son testament de clause de substitution prohibée en principe par la loi française, en dehors des cas exceptionnels des articles 1048 et 1049 du C. civ.

Il en sera ainsi même si le testament a été rédigé en Angleterre et est relatif à des biens situés en Angleterre, quoique la loi anglaise autorise les substitutions sans limitation de degré.

De même, un Italien ne pourra jamais introduire une clause de substitution même au profit de ses petits enfants (cas de l'article 1048) relativement à des biens situés en France, car la loi italienne écarte toute substitution sans exception.

Il est à peine nécessaire de faire remarquer que la clause de substitution, même autorisée par la législation du testateur étranger, n'aura pas d'effet sur les biens situés en France, en dehors des cas exceptionnels prévus par les articles 1048 et 1049 du C. civ.; la prohibition des substitutions par le Code civil a été introduite dans un but de morale et dans l'intérêt du crédit public; elle est donc certainement d'ordre public international.

La jurisprudence admet absolument notre système relativement aux immeubles (1) ; mais elle paraît vouloir autoriser l'application de la loi étrangère quand la substitution porte sur des meubles ; nous ne comprenons pas cette distinction au moins dans l'hypothèse où les meubles grevés de substitution sont matériellement situés en France (2).

Les conditions auxquelles seront subordonnées les dispositions testamentaires pourront être considérées comme immorales ou illicites; cette appréciation sera évidemment faite souverainement par le juge quelconque qui aura à statuer sur la disposition testamentaire ; lui seul peut savoir si la condition est contraire à la loi de son pays ou à la morale généralement admise dans l'Etat. Les conditions jugées immorales ou illicites seront-elles réputées non écrites comme le veut

(1) Cass. 24 juin 1839, S. 39, I, 577.

(2) Paris, 7 août 1883. *Journ. dr. int. pr.*, 1884, 192. *Contrà* : Trib. Seine, 9 mars 1895. *Journ. dr. int. pr.*, 1895, p. 628.

Voir sur les substitutions en général : B. Lacantinerie et Colin, II, pp. 613 et s. — Aubry et Rau, I, p. 84. — Laurent, *D. intern.* VI, n. 326 et s.

la législation française, ou feront-elles tomber la libéralité tout entière, comme le prescrit la législation anglaise, dans le cas où la condition est suspensive ?

Il semble que les lois qui statuent sur les effets des conditions illégales ne cherchent qu'à interpréter l'intention probable du testateur ; la loi française présume que le testateur a voulu avant tout gratifier le légataire et que dès lors, la condition défaillant, la libéralité n'en doit pas moins produire son effet. Au contraire, la législation anglaise a considéré que le testateur en insérant une condition suspensive a subordonné la réalisation même de la libéralité à l'accomplissement de la condition.

Nous appliquerons donc en cette matière, comme dans tous les cas où il s'agit d'interpréter la volonté du testateur, la loi à laquelle ce dernier semble en fait avoir voulu se référer.

MM. B. Lacantinerie et Colin (Tome I, p. 97) et plusieurs auteurs proposent de se référer toujours à la loi nationale du défunt ; ils ne motivent malheureusement pas leur opinion

CHAPITRE III

RÉSERVE

La réserve est une partie de la succession *ab intestat*, enlevée à la libre disposition du *de cujus*, et dont la dévolution est assurée à certains héritiers à l'encontre de tout acte de libéralité qu'aura pu faire le défunt.

C'est en considération des rapports de famille plus étroits existant entre le défunt et certains parents que le législateur a institué une réserve au profit de ces parents. Nous avons vu qu'en principe la succession *ab intestat* était la mani.estation d'un droit de co-propriété familiale ; ce droit de la famille n'existe que virtuellement du vivant du *de cujus*, ne faisant pas obstacle à son droit de disposition et ne se réalise effectivement qu'après son décès et sur les biens restés libres. Mais il est certains parents plus proches auxquels le législateur reconnaît un droit de co-propriété plus effectif ; cette copropriété ne sera pas encore absolue car elle laissera au propriétaire la faculté d'aliéner à titre onéreux ; mais elle lui enlèvera le droit de disposer à titre gratuit de ses biens à l'encontre de ses parents co-propriétaires.

Ces caractères de la réserve sont consacrés par le Code civil ; on n'a jamais contesté que la réserve ne fût en France une partie de la succession *ab intestat*. En dehors des arguments qu'on trouve dans les travaux préparatoires, la preuve en est dans les articles du Code civil qui n'appellent jamais les réservataires que des héritiers. Enfin, cette nature de la réserve résulte de l'ensemble même du Code civil qui fixe la quotité disponible, laissant la réserve dans la succession *ab intestat*.

Telle étant la réserve, partie de la succession *ab intestat* attribuée à certains parents en raison de liens de famille étroits, nous devons en conclure que la loi régissant la famille et la succession *ab intestat* déterminera la quotité de la réserve et les héritiers y ayant droit, quelle que soit la nationalité de ces héritiers.

L'application de la loi successorale a été généralement admise par les auteurs (1) et par la majorité de la jurisprudence. Naturellement la jurisprudence applique à la réserve la loi suscessorale traditionnelle : loi de la situation pour les immeubles, loi du domicile légal du défunt pour les meubles (2).

(1) En ce sens : Weiss, *l. c.*, p. 865. Renault, *Journ. dr. int.*, 1875, p. 332. — Despagnet, *l. c.*, 513. — B. Lacantinerie et Colin, I, p. 441. — Antoine, *l. c.*, ch. III. — Pillet, *l. c.*, p. 224. — Labbé, S. 82, 1, 147. — Anonyme, *Journ. dr. int. pr.*, 1888, p. 77.

(2) En ce sens : Cass. 28 avril 1836, S. 36, I, 749. — Paris, 1 fév. 1836, S. 36, II, 173. — Cass. 14 mars 1837, S. 37, I, 195. — Paris, 7 janv. 1870, S. 70, II, 97. — Alger, 20 fév. 1875, *Journ. dr. int.*, 1875, p. 275. —

On a parfois prétendu que la réserve, destinée à assurer aux proches parents du défunt une partie d'un patrimoine sur lequel ils pouvaient légitimement compter et à éviter le scandale qui résulterait de l'exclusion de ces proches parents au profit de légataires non parents, était une institution basée sur des motifs d'utilité sociale, par suite d'ordre public international ; il en résulterait que, dans tous les cas, *la lex rei sitæ* régirait seule les questions de réserve. — Cette doctrine a été posée par plusieurs arrêts, qui n'en ont d'ailleurs pas toujours fait ensuite l'application (1).

Nous ne contestons pas qu'il existe entre les proches parents certaines obligations d'assistance et nous croyons que les dispositions du Code civil relatives à cette matière devraient être en France considérées comme d'ordre public international. Mais la réserve est une institution ayant un but tout différent ; elle n'est nullement relative aux devoirs existant entre parents durant leur vie. La réserve est la consécration d'un droit de famille qui dès lors ne doit être soumis qu'à la loi qui régit la famille ; l'organisation d'une famille étrangère n'intéresse nullement l'ordre public de la France.

« Les lois de réserve ont principalement pour but de prévenir les déclassements dans la famille et des troubles dans l'Etat et elles satisfont à un intérêt public,

Cass. 20 mai 1879, S. 81, 1, 465. — Cass. 4 avril 1881, D. 81, I, 381. — — Trib. Seine, 1 mars 1881, *Journ. dr. int.*, 1881, p. 432. — Pau, 22 juin 1885, *Journ. dr. int.*, 1887, p. 479. — Cass. 11 fév. 1890, D. 90, 1, 153. — Cass. 26 janv. 1892, *Journ. dr. int.*, 1892, p. 489.

(1) En ce sens : Trib. Seine, 1 mars 1881, *Journ. dr. int.*, 1881, p. 432. — Cass. 4 avril 1881, S. 83, I, 65. — Poitiers, 4 juillet 1887, S. 88, II, 193.

mais en concentrant leur pensée et leur protection sur les nationaux » (1).

« La réserve n'est qu'une portion de la succession *ab intestat* qu'il a paru utile au législateur de protéger dans un intérêt privé contre les libéralités du défunt; mais il n'a aucun droit à s'immiscer dans le règlement des intérêts privés d'une famille étrangère qui échappe à ses lois » (2).

L'application de la loi successorale aux questions de réserve ne présentera aucune difficulté quand on admettra, comme nous l'avons fait, que la loi successorale est la loi nationale du défunt; pour tous les biens successoraux, en quelque lieu qu'ils soient situés, les héritiers réservataires seront les mêmes et auront les mêmes droits.

Au contraire, le système de la jurisprudence, admettant pour une même succession la souveraineté de plusieurs lois, conduira à appeler des réservataires différents suivant la nature des biens. Supposons par exemple un Français, laissant des immeubles situés en Suisse dans le canton des Grisons et ayant pour héritiers un ascendant et un frère : sur les meubles, l'ascendant seul aura droit à la réserve fixée par la loi française. Sur les immeubles au contraire l'ascendant, concurremment avec le frère, sera réservataire, conformément à la loi du canton des Grisons, solution bien critiquable logiquement et juridiquement (3).

(1) Bertauld, t. I, p. 69.

(2) Lucas et Weiss, *Pand, fr.*, 1890, V, 9.

(3) Voir sur une application de cette nature : Poitiers, 4 juillet 1887 et Cass. 11 février 1890. *Pand, fr.*, 1890, I, 9 et 106. — S. 91, I, 109.

En outre, comment avec ce système calculera-t-on le montant de la réserve, si les différentes lois applicables fixent différentes quotités?

Faudra-t-il, comme on l'a proposé, faire une seule masse de tous les biens indistinctement, et calculer sur cette masse le montant des droits de chaque héritier distinctement, conformément à chacune des lois applicables?

En effet, disait-on, « une solution contraire aboutirait à fausser complètement les bases rationnelles du calcul. Un héritier gratifié sur les biens situés à l'étranger de tout le disponible pourrait venir réclamer en France sa réserve et obtenir ainsi une part bien supérieure à celle que l'une ou l'autre loi l'eût autorisé à conserver si cette loi eût été applicable à tous les éléments de l'hérédité ».

Ce résultat sera évidemment très critiquable, mais il est le seul auquel conduise logiquement l'observation du système traditionnel et, comme tel, nous paraîtrait préférable. Il ne faut d'ailleurs pas s'étonner qu'un principe irrationnel et anti-juridique entraîne des conséquences aussi malheureuses.

En effet, le principe même du système traditionnel consiste à distinguer autant de successions indépendantes les unes des autres que de groupes d'immeubles soumis à des lois territoriales différentes, plus la succession comprenant l'ensemble des meubles; cela est affirmé continuellement par les arrêts. Il faudra donc, dans le patrimoine du défunt, former une seule masse de tous les meubles et autant de masses que de groupes d'immeubles soumis à une loi différente, chacune de ces masses constituant une succession distincte ; dans la succession mobilière, on appellera les réservataires désignés par la loi du domicile légal du *de cujus* ; dans chaque succession immobilière on appellera les réservataires désignés par la *lex rei sitæ*. Dans chaque succession, on calculera le montant des droits des réservataires, suivant la loi applicable à cette succession, sur les seuls biens composant cette succession et sans tenir compte en aucune façon des autres successions laissées par le même *de cujus*.

Ce mode de calcul (1), encore une fois très discutable juridiquement, est généralement adopté par la jurisprudence.

La Cour de cassation a notamment appliqué ce système dans un arrêt du 26 janvier 1892 (D. 92, I, 497), en réglant la succession d'un Espagnol décédé en France, laissant un immeuble situé en France et divers biens situés en Espagne : « attendu que l'immeuble laissé en France doit être considéré comme constituant un patrimoine distinct et une succession séparée sur laquelle il y a lieu de déterminer la quotité disponible (2). »

La question du mode de réduction des libéralités excessives — en nature ou par équivalent — n'offrira guère d'intérêt que relativement aux donations entre-vifs. Nous admettrons, comme en matière de rapports, que la loi successorale déterminera en principe le mode de réduction, sauf les restrictions résultant des lois d'ordre public du lieu de la situation des biens.

(1) Voir sur le calcul de la réserve : Pic, D. 92, 1, 497. — Aubry et Rau, I, p. 101, §. 31.

(2) Dans le même sens : Cass. 14 mars 1837, S. 37, 1, 195. — Trib. Seine, 14 mars et 21 mai 1879, *Journ. dr. int. pr.*, 1879, p. 549. — Trib. Seine, 30 mars 1892, *Journ. dr. int. pr.*, 1892, p. 1183.

CHAPITRE IV

DE LA RÉVOCATION DES TESTAMENTS ET DE LA CADUCITÉ DES LEGS

La révocation expresse d'un testament, étant une disposition de dernière volonté, sera soumise d'une façon générale aux règles que nous avons posées pour la confection même des testaments.

Dans certains cas, la loi, à défaut de révocation expresse, présume que le testateur a eu cependant l'intention tacite de révoquer son testament ; il ne s'agit donc là que de l'interprétation de la volonté probable du testateur ; on devra appliquer la loi à laquelle le testateur a vraisemblablement entendu se référer, question de fait que le juge tranchera suivant les circonstances. Cette loi sera le plus souvent la loi nationale du testateur ; mais cette solution n'est pas nécessaire, comme on l'a prétendu parfois.

Notons que le testament rédigé en France sera toujours révocable, quelle que soit la nationalité du testateur ou la situation des biens légués : la loi locale détermine en effet souverainement les caractères des modes de disposer qu'elle autorise, et le Code civil (art. 895) exige que le testament soit révocable.

Les lois qui frappent certains legs de caducité, ont pour but tantôt de sanctionner les règles fixant les conditions de capacité exigées des légataires (Art. 1043, C. civ.), tantôt d'interpréter la volonté vraisemblable du testateur (Art. 1042, C. civ.). Dans le premier cas, la loi même qui régit la capacité des légataires déterminera les cas de caducité. Dans le second cas, on appliquera la loi à laquelle le testateur a en fait entendu soumettre son testament.

C'est à cette dernière loi que nous soumettrons également les questions relatives à l'accroissement, car la loi, en cette matière, ne cherche qu'à donner effet à la volonté probable du testateur.

CHAPITRE V

EFFETS DU TESTAMENT

I. En général, avant de pouvoir être mis à exécution, le testament fait en la forme privée est soumis à une formalité.

C'est ainsi que le Code civil prescrit de présenter tout testament olographe ou mystique au Président du tribunal qui, après avoir dressé un procès-verbal d'ouverture et de description, en ordonnera le dépôt entre les mains d'un notaire. De même, la loi anglaise ordonne la présentation du testament fait en la forme anglaise à la haute-cour de chancellerie.

Ces formalités de dépôt ou de présentation sont exigées pour assurer la conservation du testament et le préserver de toute altération : elles sont donc en somme un complément des formes mêmes du testament. On devra donc décider que le testament sera déposé ou présenté conformément à la loi même qui a été observée pour la confection du testament. Un testament fait en la forme olographe française sera déposé chez un notaire suivant une ordonnance judiciaire ; un testament fait en la forme anglaise sera présenté à la haute-cour de justice anglaise.

La jurisprudence a eu à statuer plusieurs fois sur les difficultés nées en cette matière ; ses décisions ne sont pas absolument d'accord entre elles et la solution que nous avons proposée n'a pas été toujours consacrée. Les tribunaux, quant aux questions qui leur étaient ainsi soumises, semblent avoir obéi surtout à des considérations d'ordre pratique.

C'est ainsi que la Cour d'Aix, dans un arrêt du 17 juillet 1894 (*Journ. dr. int. pr.* 1896, p. 876) a décidé que la testament fait en France et conformément aux lois française et anglaise, par un Anglais non domicilié en France et ne laissant aucun héritier français, ni aucun bien situé en France, devait être, par dérogation à l'article 1007 du Code civil, déposé au consul anglais qui le transmettra à la haute-cour de justice de Londres. L'arrêt ne se base sur aucun traité ni motif théorique, mais uniquement sur l'usage.

Au contraire, un jugement du tribunal de la Seine du 23 juillet 1891 (*Journ. dr. int. pr.* 1892, p. 231) déclare « qu'un testament fait en France par un étranger ne peut y produire aucun effet que sous les conditions déterminées par la loi française », c'est-à-dire en observant les formalités édictées par l'article 1007. Ce même jugement déclare insuffisant le dépôt du testament effectué, conformément à la loi du testateur, au greffe de la haute-cour de Londres (1).

(1) Voir sur des questions analogues : Trib. Seine, 3 novembre 1897 et 13 janvier 1398, *Journ. dr. int. pr.*, 1898, pp. 761 et 763. — Trib. Seine, 1 mai 1880, *Journ. dr. int. pr.*, 1880, p. 304. — Note anonyme, *Journ. dr. int. pr.*, 1889, p. 613.

II. Quelle loi déterminera les effets produits par le testament?

Dans la mesure où la loi successorale lui accorde la disposition de son patrimoine, le testateur est absolument libre de fixer, comme il l'entend, la dévolution de sa succession. La mission du législateur consiste donc, en cette matière, surtout à interpréter la volonté tacite du testateur, et, en droit international, nous devrons décider que toutes les questions relatives aux effets du testament seront résolues par l'application de la loi à laquelle le testateur a entendu vraisemblablement se référer en fait.

Cette loi donc déterminera notamment : l'étendue des legs particuliers en cas d'obscurité dans le testament ; le mode d'exécution du legs de la chose d'autrui ; la mesure dans laquelle les légataires ont droit aux fruits ; leur responsabilité quant au passif et la mesure dans laquelle ils peuvent limiter cette responsabilité ; les modes d'appropriation des legs ; l'interprétation des clauses obscures ; les pouvoirs et les obligations des exécuteurs testamentaires (1).

La loi considérée comme l'expression de la libre volonté du testateur cessera d'être applicable quand elle se heurtera à des dispositions de la loi successorale, limitant le droit du testateur, soit en réservant une partie de la succession au profit de certains parents, soit en imposant aux légataires l'accomplissement de certaines formalités destinées à sauvegarder les droits de la famille, telles que la publication du testament

(1) Voir relativement aux exécuteurs testamentaires : Cass. 19 avril 1859, S. 59, 1, 411. — Ord. Prés. Trib. Seine, Référés, 29 mars 1898, *Journ. dr. int. pr.*, 1898, p. 728.

ordonnée par certaines législations étrangères, ou l'ordonnance d'envoi en possession prévue par l'art. 1008, C. civ.

La majorité des auteurs s'accorde à reconnaître que les effets du testament doivent être régis par la loi choisie au moins tacitement par le testateur (1); mais quelques-uns de ces auteurs s'écartent du système que nous proposons, en soutenant que la loi nationale du testateur doit toujours, à défaut de déclaration formelle, être présumée avoir été choisie par lui (2). Nous avons déjà montré qu'à notre avis, il n'y avait là qu'une question de fait et qu'il était impossible de poser une règle générale à cet égard.

A deux reprises, la jurisprudence a adopté le système auquel nous nous sommes ralliés : un jugement du Tribunal de la Seine du 9 mars 1895 (*Journ. dr. int. pr.*, 1895 p. 628), après avoir déclaré qu'en principe la loi applicable au testament en tant qu'il défère des meubles était celle du statut personnel du testateur, décide que néanmoins, attendu qu'il ne s'agit que d'interpréter la volonté présumée du défunt, l'étranger qui a toujours résidé en France, s'y est marié et a testé dans la forme française, doit être considéré comme ayant voulu soumettre son testament à la loi française. Le tribunal fait donc bien là une de ces appréciations de fait dont nous avons parlé.

De même, la Cour de Pau, dans un arrêt du 22 juin 1885 (*Journ. dr. int. pr.*, 1887, p. 479) décide que l'interprétation du testament du Français domicilié à

(1) En ce sens : Pillet, ch. v, §. 5.

(2) En ce sens : Antoine, chap. III, I.

l'étranger doit être, quant aux meubles, régie par la loi de son domicile.

Remarquons que la jurisprudence citée n'a eu à statuer que sur l'interprétation de legs mobiliers. On peut craindre qu'appliquant rigoureusement un système analogue à celui qu'elle a admis en matière du succession *ab intestat*, elle ne soumette à la *lex rei sitæ* l'interprétation des legs immobiliers.

APPENDICE AUX TITRES I ET II

Compétence des Tribunaux et droits de mutation par décès

I

Compétence des tribunaux

Les actions relatives aux successions (action en partage, contestations entre cohéritiers, poursuites intentées par les créanciers, pétition d'hérédité, etc.) devront être en principe, jusqu'au partage définitif, soumises à un juge unique, le juge du lieu d'ouverture de la succession.

Cette solution est consacrée en droit interne par l'art. 59. § 6 du Code de procédure civile. Mais ce Code n'est nullement relatif aux questions de droit international ; c'est donc uniquement sur des arguments d'ordre théorique que nous baserons notre opinion.

Il est universellement admis que les héritiers, durant l'indivision, représentent le défunt qui est censé se survivre à lui-même en leur personne ; c'est seulement quand ce partage définitif a été opéré que les héritiers acquièrent sur les biens qui leur sont attribués des droits individuels et distincts ; mais jusque-là, la succession forme, en quelque sorte, une personne morale représentée par les héritiers. De cette fiction résultera que les héritiers devront être, relativement aux actions successorales, assignés devant le Tribunal du lieu d'ouverture de la succession, lieu où le défunt qu'ils représentent est censé survivre. Il n'y a là qu'une application du principe général *actor sequitur forum rei* (1).

Naturellement, une fois ce partage opéré, les règles de droit commun reprendront leur empire : la fiction de personnalité de la succession n'existe plus alors, et chaque héritier devra être assigeé devant le Tribunal de son domicile (2).

Remarquons que notre solution est absolument conforme au principe que nous avons admis quant à la dévolution de la succession ; elle respecte le principe de l'unité de la succession, soumise à une loi unique, quand les biens héréditaires sont situés en des Etats différents.

Si le défunt était domicilié en dehors de sa patrie, les juges auraient sans doute à appliquer une loi étrangère, la loi nationale du défunt ; peut-être

(1) En ce sens : Antoine, *l. c.*, p. 140. — Despagnet, — Glasson, note, *Journ. dr. int. pr.*, 1881, p. 124.

(2) En ce sens : Trib. Seine, 16 juin 1885, *Journ. dr. int. pr.*, 1886, p. 478.

éprouveront-ils par suite certaines difficultés pratiques à interpréter la loi étrangère ; mais ces difficultés ne sont pas insurmontables ; et, en tout cas, ce résultat n'est pas anti-juridique puisque plusieurs articles du Code civil imposent aux Tribunaux français l'observation des lois étrangères (3, 14, 15, 47, 170, 999, C. civ., etc.).

Une jurisprudence, fort contestable en droit, mais solidement établie en fait, déclare les Tribunaux français incompétents pour connaître des actions intentées seulement entre étrangers non autorisés à domicile ; on a objecté que notre solution conduirait cependant à ce résultat, au cas où tous les cohéritiers seront étrangers et le défunt décédé en France où il n'avait qu'un domicile de fait : mais cette objection ne peut pas nous arrêter. Admettant que la théorie de l'incompétence des Tribunaux français relativement aux contestations élevées entre étrangers soit bien fondée, ne faut-il pas considérer qu'il n'y a là qu'une règle générale à laquelle nous devons ici admettre une exception imposée par le principe d'unité de la succession et l'utilité pratique qui exigent que l'on puisse saisir un Tribunal unique d'une action successorale ?

Pour l'application de notre système, nous considérerons que le défunt était domicilié au lieu où il avait sa principale résidence, indépendamment de toute autorisation gouvernementale.

La jurisprudence a adopté un système différent du nôtre, en relation étroite avec la théorie admise par elle quant à la dévolution de la succession ; elle distingue entre la succession mobilière et la ou les successions immobilières.

Relativement à la succession mobilière, elle déclare compétent le Tribunal du dernier domicile du défunt ; les arrêts invoquent généralement en ce sens l'art. 56-6°, P. C. (1). Nous avons écarté cet argument de texte tout en admettant pour d'autres motifs et relativement à toute la succession la solution acceptée par la jurisprudence pour les meubles seulement. Rappelons que d'après la jurisprudence, l'étranger qui ne peut acquérir un domicile légal en France, s'il n'a pas obtenu l'autorisation exigée par l'art. 13 C. civ., peut cependant, en dehors de cette autorisation, avoir un domicile de fait susceptible d'attribuer la compétence aux Tribunaux (2).

La jurisprudence applique sa théorie générale sur la compétence au cas où l'étranger était domicilié en France et au cas où le Français était domicilié à l'étranger.

Enfin, les arrêts maintiennent la compétence du Tribunal français du domicile du défunt au cas même où tous les héritiers seraient étrangers ; cette exception au droit commun serait imposée par l'art. 59. § 6. P. C.

(1) En ce sens : Cass. 18 août 1847, S. 47, 1, 645. — Cass. 15 avril 1861, S. 61, 1, 721. — Cass. 27 avril 1868, S. 68, 1, 257. — Cass. 7 juill. 1874, S. 75, 1, 19. — Cass. 29 juin 1893, D. 93, 1, 569. Champcommunal, *loc. cit.*, 520 et 529. Pillet, *l. c.*, chap. VII.

(2) En ce sens : Cass. 7 juill. 1874 précité. — Paris, 8 décembre 1891, *Journ. dr. int. pr.*, 1892, p. 486. — Trib. Seine, 2 août 1890, *Journ. dr. int.*, 1890, 942. — Paris, 20 mars 1896, *Journ. dr. int.*, 1896, 402. — Trib. Seine, 21 déc. 1894, *Journ. dr. int.*, 1895, p. 387. — Trib. Marseille, 26 janv. 1889, *Journ. dr. int.*, 1889, p. 675. — Trib. Seine, 16 juin 1885, *Journ. dr. int.*, 1886, p. 458. — Bordeaux, 19 août 1879, *Journ. dr. int.*, 1880, 586.

D'après la Jurisprudence (1), les tribunaux français connaîtront des contestations qui pourront s'élever relativement à des immeubles situés en France faisant partie d'une succession ouverte à l'étranger. En effet, dit-on, « le droit de juridiction est une émanation de la souveraineté ; il doit donc s'étendre sur tout le territoire soumis à cette souveraineté. » En outre, les Tribunaux français doivent être compétents, « car la succession de ces immeubles est régie par la loi française ».

Nous avons déjà montré que l'application d'une loi successorale étrangère à des immeubles situés en France ne portait pas atteinte à la souveraineté française : la souveraineté française sera aussi respectée, si c'est un jugement étranger qui statue sur le sort des immeubles, à condition toutefois que le jugement ne consacre pas une règle contraire à l'ordre public et soit, avant d'être mis à exécution, soumis à la formalité d'exequatur.

De même, nous avons remarqué que, dans un litige, la compétence n'appartenait pas nécessairement au Tribunal du pays dont la loi est applicable.

Les motifs invoqués par la jurisprudence ne nous semblent donc pas capables de prévaloir contre les principes que nous avons présentés à l'appui de l'opinion contraire.

Le Tribunal français compétent sera celui de l'arrondissement où est situé l'immeuble litigieux ; si la suc-

(1) Cass. 19 nov. 1847, S. 48, 1, 52. — Cass. 22 mars 1865, S. 65, 1, 175. — Cass. 5 déc. 1871, D. 72, 1, 313. — Cass. 2 avril 1884, S. 86, 1. 121. — Cass. 20 juin 1887, D. 88, 1, 298. — Trib. Seine, 30 mars 1892. *Le Droit*, 23 avril 1892.

Champcommunal, *l. c.*, p. 539. — Pillet, *l. c.*, chap. VII. — Glasson, note, *Journ. dr. int. pr.*, 1881, p. 124.

cession comprend plusieurs immeubles, on saisira l'un quelconque des Tribunaux des arrondissements où sont situés les divers immeubles.

La jurisprudence se divise en deux partis quand la succession ouverte en France comprend des immeubles à l'étranger.

Certains arrêts, appliquant par réciprocité un système analogue à celui qu'on adopte dans l'hypothèse précédente, proclament la compétence des Tribunaux étrangers (1).

D'autres arrêts, au contraire, donnent compétence aux Tribunaux français en invoquant le principe d'unité de la liquidation (2).

Nous écarterons le premier système pour les motifs signalés dans l'hypothèse précédente. Quant au second système, c'est notre opinion même ; il nous semble que la jurisprudence en l'adoptant se met en contradiction avec elle-même ; elle invoque en effet le principe d'unité de liquidation, après avoir dans nombre d'arrêts déclaré que le patrimoine du défunt se fractionne en autant de successions distinctes qu'il y a d'immeubles soumis à des législations différentes.

Notons que le Tribunal compétent pour connaître d'une action successorale relative à un immeuble sera également compétent pour statuer sur la demande en partage du prix des immeubles licités. La Cour de Paris

(1) En ce sens : Champcommunal, p. 542.

(2) En ce sens : Pillet, *l. c.*, chap. VII. — Besançon, 28 juillet 1875, S. 76, II, 20. (Cet arrêt déclare le Tribunal du lieu d'ouverture de la succession compétent pour liquider toute la succession, sauf à commettre le notaire de la situation des immeubles à l'étranger pour procéder à la vente aux enchères).

l'a décidé dans un arrêt du 31 décembre 1889 (D. 91, II, 41) dont il suffit de rapporter les motifs : « attendu que si la licitation a eu pour effet de transformer lesdits immeubles en valeurs mobilières, elle n'a pas modifié rétroactivement le caractère même du droit successoral des héritiers qui s'était trouvé fixé pour chacun d'eux d'après l'état de la succession au jour du décès ; que, s'il en était autrement, l'application du principe même de l'article 3 se trouverait subordonnée à la question de savoir si les immeubles sont ou non partageables en nature, ce qui est contraire à la généralité de ses termes ».

Les actions en nullité du testament devraient être soumises aux règles générales de compétence; la jurisprudence a cependant parfois dérogé à ces règles ; ainsi, la Cour de Paris, dans un arrêt du 29 mars 1862 (S. 65, 1, 175) a décidé que les tribunaux français seraient compétents pour connaître de la demande en nullité du testament fait en France par un étranger domicilié à l'étranger au profit de sa femme redevenue française « l'action étant dirigée contre une femme française pour des faits de captation accomplis en France et relativement à des biens situés en France ».

On est à peu près d'accord pour reconnaître que les règles posées par les articles 14 et 15 du C. civ. ne seront pas applicables en notre matière ; elles consacrent en effet des exceptions au droit commun en cas « d'obligation contractée ». Ces exceptions ne peuvent être étendues en dehors du cas spécial pour lequel elles ont été formulées (1).

(1) B. Lacantinerie et Wahl, *l. c.*, II, p. 522. — Antoine, *l. c.*, p. 186. Cass. 22 mars 1865, S. 65, 1, 175.

L'opinion contraire a cependant été soutenue ; il ne faut pas, a-t-on dit, interpréter à la lettre les mots « obligation contractée » ; le texte n'a prévu que le cas le plus fréquent. En outre, le motif de l'art. 14 tout au moins, qui est de protéger les Français, existe en cas de succession encore plus qu'au cas de contrat (1).

Les tribunaux de la situation matérielle des biens, incompétents sur le fond, pourront ordonner toutes mesures provisoires ou urgentes (2), telles qu'apposition de scellés (3), inventaire, nomination d'administrateur provisoire (4), dépôt de valeurs (5), etc. Ces mesures en effet ne préjugent pas le fond ; et la nécessité pratique et la paix publique exigent en cette matière de promptes solutions.

Les règles de procédure seront les règles usitées dans le lieu où l'instance est engagée.

La Cour de cassation pourra casser le jugement du tribunal qui n'aura pas appliqué la loi étrangère dans un cas où la loi française lui en faisait l'obligation ; mais elle ne pourra pas d'après la jurisprudence générale, et contrairement à l'opinion des auteurs, casser un jugement pour mauvaise interprétation d'une loi étrangère.

(1) En ce sens : Weiss, *l. c.*, p. 745. — Champcommunal, *l. c.*, p. 536. — Paris, 11 déc. 1848, S. 48, II, 49. Paris, 11 déc. 1855, S. 56, II, 302. Paris, 12 janvier 1858, S. 58, II, 542. — Trib. Seine, 6 déc. 1877. *Le Droit* du 4 janvier 1878.

(2) En ce sens : B. Lacantinerie et Wahl, II, 520. — Champcommunal, p. 531. — Paris, 29 nov. 1865. *Gaz. Trib.*, 7 déc.

(3) Paris, 7 déc. 1892. *Gaz. Pal.*, 1892, II, 701.

(4) Trib. Seine, 31 mars 1876, *Le Droit*, 19 avril.

(5) Cass. 18 août 1847, S. 47, I, 645.

Enfin la jurisprudence décide généralement que les parties devront elles-mêmes fournir la preuve des lois étrangères qu'elles invoquent.

Nous croirions sortir du programme que nous nous sommes tracé en examinant ces dernières questions, fort intéressantes mais relatives à la procédure en droit international privé en général, et non plus spécialement aux conflits de lois successorales qui doivent seuls retenir notre attention.

Les règles générales que nous avons posées seront parfois modifiées par l'application des traités internationaux que nous étudierons dans notre troisième partie.

II

Droits de mutation par décès.

Dans quels cas et sur quels biens le Trésor français pourra-t-il percevoir des droits de mutation par décès ?

Théoriquement, les droits de succession ne sont dûs qu'à l'Etat, qui, d'une façon quelconque, intervient dans la transmission de l'hérédité ; cet impôt est, en quelque sorte, la rémunération du service rendu aux ayants droit par l'Etat dont les magistrats ont eu ou auraient pu avoir à intervenir dans la dévolution de l'hérédité.

Pratiquement, et pour les motifs théoriques que nous venons d'indiquer, il n'a jamais été contesté que le droit de succession était dû au trésor français sur tous les immeubles et meubles corporels situés en France (1).

Quand les meubles incorporels seront-ils passibles du droit de succession en France ? Cette question a soulevé plusieurs difficultés et la législation a été plusieurs fois modifiée sur ce point.

Il est tout d'abord certain, et cette opinion est universellement et a toujours été admise, que les meubles incorporels pouvant être considérés comme situés en France seront soumis au droit ; ces meubles devront être considérés comme situés en France, quand le débiteur sera domicilié en France ; le conseil d'Etat a statué en ce sens dans un avis du 11 février 1829. Cette fiction de situation des créances nous paraît très légitime ; c'est au domicile du débiteur que le droit sera exercé et produira son effet ; la valeur même de la créance est subordonnée aux lois de procédure, à l'organisation des mesures d'exécution en vigueur au domicile du débiteur. La jurisprudence a souvent décidé ainsi que les meubles incorporels avaient en principe leur assiette au lieu où la réalisation pourrait en être poursuivie.

C'est ainsi que la Cour de cassation, le 24 février 1869, a jugé que la créance avait son assiette au domicile du débiteur.

Deux arrêts de la Cour de cassation des 16 décembre 1870 et 30 janvier 1893 (*Journ. dr. intr. pr.*, 1893, p.594) ont bien décidé que la créance était située au domicile du créancier ; mais ces arrêts peuvent peut-être s'expliquer par des raisons d'espèce ; le débiteur était en fait

(1) En ce sens : Trib. Saint-Julien, 19 fév. 1878, *Journ. dr. int.*, 1878 p. 374. — Cass. 28 janv. 1880, *Journ. dr. int.*, 1880, p. 192. — Trib. Seine, 16 mars 1888, *Journ. dr. int.*, 1890, p. 321.

domicilié à l'étranger, le créancier domicilié en France, et la Cour de cassation, dans un esprit de faveur à l'égard du fisc, a voulu soumettre au droit fiscal la créance.

La créance garantie par une hypothèque sera réputée située en France si le débiteur est domicilié en France, quel que soit le lieu où la créance aura été souscrite et où se trouvent les biens hypothéqués (1).

De même, auront leur assiette en France : la créance de fonds déposés en compte courant dans un établissement de crédit en France (2) ; les actions d'une société ayant son siège social en France (3) ; la lettre de change tirée sur une place française (4).

Quelle solution devrons-nous adopter relativement aux meubles incorporels réputés, d'après les distinctions que nous venons de faire, situés à l'étranger.

Avant la loi du 18 mai 1850, ces biens échappaient certainement aux droits de succession en France.

Mais la loi du 18 mai 1850, art. 7 ; la loi du 13 mai 1863, art. 11 ; et la loi du 23 août 1871, art. 3, ont déclaré soumises au droit de mutation en France toutes les valeurs mobilières étrangères de quelque nature qu'elles soient, à la seule condition qu'elles dépendent d'une succession régie par la loi française (5) ; appli-

(1) Cass. 27 juill. 1819, S. 19, I, 495. — Cass. 13 juill. 1867, S. 69, 1, 431. — Cass. 20 janv. 1858, S. 58, 1, 309.

(2) Trib. Seine, 31 janvier 1863.

(3) Trib. du Havre, 31 mars 1862.

(4) Cass. 20 nov. 1858, S. 59, 1, 263.

(5) En ce sens : Trib. Seine, 6 janv. 1866, S. 66, II, 291. — Cass. 28 juillet 1862, S. 62, 1, 988 (cet arrêt considère comme meubles et soumis aux lois fiscales suivant les distinctions ordinaires, les rentes sur Etats étrangers qui auraient été, dans l'intérêt du titulaire, immobilisées suivant la loi étrangère).

quant ici le système traditionnel de la jurisprudence, il faudra par exemple soumettre au droit les valeurs étrangères comprises dans la succession d'un Français mort en France où il avait son domicile, ou mort à l'étranger où il résidait seulement.

Avant la loi du 23 août 1871, il n'y avait pas lieu de percevoir l'impôt sur les valeurs étrangères d'une succession d'un étranger décédé en France où il avait un domicile de fait (1) mais établi sans autorisation du gouvernement, car, en ce cas, sa succession n'est pas régie par la loi française. Mais l'article 4 de la loi du 23 août 1871 a assujetti au droit de succession « les valeurs mobilières étrangères dépendant de la succession d'un étranger domicilié en France avec ou sans autorisation (2) ».

Il suffira donc, à ce point de vue fiscal, que le domicile de l'étranger en France réunisse les conditions prévues par l'art. 110, C. civ. ; mais il sera nécessaire qu'il réunisse ces conditions, constitue en un mot un véritable domicile et non pas seulement une résidence de fait. — Si cette règle ne résultait pas suffisamment du texte même de la loi, elle serait en tout cas imposée par les travaux préparatoires dans lesquels nous trouvons la déclaration suivante : « il est bien entendu que l'article 4 ne sera applicable qu'autant qu'il sera constaté que l'étranger avait en France un établissement ou une résidence qui, pour un Français, constituerait un véritable domicile. S'il s'agissait au contraire d'un étranger voyageant en France qui y décéderait pendant une

(1) En ce sens : Cass. 12 janvier 1869, D. 69, 1, 294.

(2) En ce sens : Trib. Nice, 9 juillet 1883, *Journ. dr. int.*, 1884, p. 72.

résidence accidentelle ou passagère, sa succession ne serait pas régie par les mêmes règles (1) ».

En résumé, seront soumis au droit de mutation en France :

Les biens corporels ou incorporels d'une succession absolument quelconque, à la seule condition d'être situés ou réputés situés en France ;

Les valeurs mobilières étrangères dépendant de la succession d'un Français domicilié en France, en quelque lieu qu'il soit décédé (sa succession est en effet alors régie par la loi française).

Enfin, les valeurs mobilières étrangères dépendant de la succession d'un étranger domicilié en France avec ou sans autorisation du gouvernement (art. 3 et 4, loi 23 août 1871) (2).

Pratiquement, la déclaration de succession se fera au bureau d'enregistrement du domicile du *de cujus,* si celui-ci avait un domicile en France ; sinon, les actions et obligations des Sociétés seront déclarées au bureau du siège social de ces sociétés ; les créances au bureau du domicile du débiteur ; les rentes sur l'Etat au premier bureau des successions à Paris.

Remarquons que les règles posées par la loi française conduiront parfois l'héritier à payer un double droit. C'est ce qui a lieu dans l'hypothèse suivante, fréquente en pratique : un suisse décède en France, laissant des biens situés en France ; les héritiers devront payer les

(1) En ce sens : Trib. Nice, 30 juill. 1895, *Journ. dr. int. pr.*, 1896, p. 644.

(2) Sur les droits de mutation par décès en dr. int. pr., voir : Despagnet, *l. c.*, p. 568. — Champcommunal, 2e partie, ch. IV. — Anonyme, *Journ. dr. int.*, 1879, p. 476. — Anonyme : *Journ. dr. int.*, 1876, pp. 255 et 257.

droits de mutation au fisc français, et aussi au fisc du canton suisse d'origine, la loi suisse exigeant l'impôt de succession au lieu d'origine (1).

Il est certain que le traité franco-suisse du 15 juin 1869, relatif à des questions de compétence et de procédure, est étranger aux matières fiscales (2).

Notons enfin une règle fort importante posée par la jurisprudence pour le cas où la succession comprendrait en même temps des biens soumis à l'impôt en France, et des biens situés à l'étranger, échappant à cet impôt. Trois arrêts de la Cour de cassation des 8 décembre 1840 (S. 41, 1, 56), 12 décembre 1843 (S. 44, 1, 74) et 15 juin 1847 (S. 47, 1, 625) ont décidé que les biens soumis au droit en France doivent être considérés comme composant à eux seuls la succession, aux regards de la régie. En conséquence, si, par suite du partage, l'un des cohéritiers reçoit sur les biens situés en France une part supérieure à sa portion virile, l'autre cohéritier recevant par compensation une plus grande partie des biens situés à l'étranger, le fisc serait autorisé à exiger du premier un droit proportionnel de soulte, ce dernier étant considéré vis-vis de la régie comme acquéreur de tout ce qui excède sa part virile sur les biens situés en France.

(1) Voir sur la question : Lehr., *Journ. dr. int.*, 1883, p. 13 et s. — Note de la direction de l'Enregistrement : *Journ. dr. int. pr.*, 1882, p. 607. — Anonyme, *Journ. dr. int.*, 1888, p. 765.

(2) B. Lacantinerie et Wahl, II, p. 530.

TRO.SIÈME PARTIE

DES CAS PARTICULIERS DANS LESQUELS IL EST DÉROGÉ AUX RÈGLES DE DROIT COMMUN POSÉES DANS LES DEUX PREMIÈRES PARTIES

Les règles générales par lesquelles nous nous sommes efforcés jusqu'à présent de trancher les conflits de lois en matière de succession devront être écartées ou modifiées en vertu de textes formels dans deux ordres d'hypothèses ; en premier lieu, quand il y aura lieu d'opérer le prélèvement prescrit par l'article 2 de la loi du 14 juillet 1819 ; en second lieu dans les cas prévus par les traités internationaux.

CHAPITRE PREMIER

PRÉLÈVEMENT DE LA LOI DU 14 JUILLET 1819

L'article 2 de la loi du 14 juillet 1819 est ainsi conçu : « Dans le cas de partage d'une même succession entre des cohéritiers étrangers et français, ceux-ci prélèveront sur les biens situés en France une portion égale à la valeur des biens situés en pays étranger dont ils seraient exclus, à quelque titre que ce soit, en vertu des lois et coutumes locales ».

Il est évident que l'exercice de ce prélèvement modifiera la solution à donner au conflit de lois ; c'est pourquoi nous devons nous demander à quelles conditions ce prélèvement sera soumis.

Mais avant d'examiner les diverses questions que peut soulever l'application de ce texte, il convient de bien se pénétrer des motifs qui ont amené le législateur à l'édicter.

Le législateur venait, dans l'article 1 abolissant le droit d'aubaine, d'autoriser les étrangers à succéder en France. Mais certaines législations étrangères, notamment la législation anglaise, considéraient encore à cette époque l'extranéité comme une cause d'incapacité. Il serait donc résulté de l'abolition du droit d'aubaine, si cette réforme n'avait pas été corrigée par l'institution du prélèvement, que certains étrangers auraient pu succéder en France sans que les Français pussent par réciprocité succéder dans leur pays; dans une même succession, on aurait vu des étrangers exciper de l'abolition du droit d'aubaine relativement aux biens situés en France, et au contraire opposer à leurs cohéritiers français leur extranéité pour les écarter des biens situés à l'étranger. Dans ces conditions, l'abolition du droit d'aubaine aurait été un leurre pour les Français, et c'est pourquoi fut institué le prélèvement.

Cette origine du prélèvement résulte de l'ensemble des discours qui furent prononcés lors de l'élaboration de la loi de 1819 (Voir Locré tome X, pp. 526 et s.). — La disposition même des articles l'établit : l'article 1 abolissant le droit d'aubaine, et l'art. 2 corrigeant aussitôt les effets de cette abolition.

Ceci posé, nous pouvons nous demander : 1° dans quels cas il y a lieu à prélèvement; — 2° par quels héritiers et contre quels héritiers est exercé le prélèvement; — 3° comment se calcule et sur quels biens s'opère le prélèvement; — 4° quels traités écartent l'exercice du prélèvement.

I

Cas où peut s'exercer le prélèvement.

L'héritier français, exclu à raison même de son extranéité par la loi étrangère, pourra évidemment exercer le prélèvement. C'est là l'hypothèse même qu'ont eue en vue les auteurs de la loi de 1819.

Mais en sera-t-il de même si l'exclusion n'a été que la conséquence de l'application normale de la loi étrangère qui, abstraction faite de la nationalité de l'héritier, régle la dévolution de la succession autrement que la loi française? La loi étrangère, par exemple, n'appelle le frère qu'à défaut d'ascendant : le frère pourra-t-il prélever sur les biens situés en France une part égale à la portion dont il est exclu par l'ascendant sur les biens étrangers? Nous ne le pensons pas : ni l'esprit, ni le texte de la loi n'autorisent en ce cas le prélèvement.

L'art. 2 de la loi du 14 juillet 1819 — et c'est à nos yeux l'argument principal — n'a eu en effet pour but que de corriger l'effet de l'article 1 abolissant le droit d'aubaine. Or ici ce n'est pas comme étranger que le Français est exclu.

Le texte littéralement interprété de l'article 2 nous est aussi favorable : il prévoit le cas où le Français est « exclu » par la loi étrangère. Peut-on dire qu'il y a « exclusion » véritable dans le cas où la loi étrangère traite le Français comme ses propres nationaux (1)?

L'opinion contraire a rallié presque l'unanimité des suffrages (2). Elle invoque surtout un argument de texte : « à quelque titre qu'ait eu lieu l'exclusion. »

A cet argument, nous pourrions tout d'abord opposer

(1) En ce sens : Antoine, *l. c.*, p. 154.

(2) En ce sens: Renault, *Journ. dr. int.*, 1876, p. 16. – Demante, III, n° 33 *bis*, II. — Despagnet, *l. c.*, p. 546. — B. Lacantinerie et Wahl, I, 144. — Champcommunal, p. 599.

l'argument de texte que nous avons nous-mêmes invoqué subsidiairement : il ne peut pas s'agir d'exclusion quand le Français est traité de la même manière que l'étranger par la loi étrangère.

Mais il nous semble même que les mots « à quelque titre que ce soit » pourraient s'expliquer différemment. Ne signifient-ils pas que le Français doit être exclu (naturellement en qualité de Français) mais à quelque titre qu'il se présente, soit à titre d'héritier *ab intestat*, soit à titre de légataire ? Il est en effet évident — et nous ne croyons pas qu'on l'ait contesté — que le Français pourra exercer le prélèvement quand la loi étrangère l'écartera à raison de son extranéité soit de la succession *ab intestat*, soit du legs quelconque auquel il est appelé.

Dans ces conditions, l'interprétation des mots controversés que nous proposons est aussi vraisemblable que l'interprétation opposée ; et, en présence des arguments tirés du but de la loi qui militent en notre faveur, l'opinion généralement admise nous semble manquer de base.

M. Weiss (Traité II, pp. 350 et s.) adopte sur la question une troisième opinion : il distingue suivant que la dévolution de la succession est ou non soumise à la loi française.

Si elle est soumise à la loi étrangère l'article 2 ne peut s'appliquer, parce que le législateur français n'a pas qualité pour corriger les effets d'une loi étrangère qui n'excède pas les limites de sa souveraineté.

Si elle est soumise à la loi française, le législateur peut à bon droit se préoccuper d'assurer à ses dispositions leur plein effet en établissant un système de prélévements.

Nous ne contestons pas que ce système soit fort logique ; mais nous n'osons nous y rallier en présence des termes absolus de l'art. 2 de la loi de 1819 qui semble, par son institution de prélèvements, vouloir corriger les effets de la loi étrangère applicable par hypothèse à la succession, toutes les fois que cette loi, régissant ou non en principe la succession, excluera les Français à raison de leur nationalité. Quant à la seconde hypothèse prévue par M. Weiss il est certain que le législateur aurait pu légitimement chercher à assurer par des prélèvements le respect de la loi française quand celle-ci doit régir la succession ; mais nous ne pensons pas que le législateur ait eu une pensée aussi large : il a seulement voulu corriger au profit des Français les effets de l'abolition du droit d'aubaine ; il n'a pas eu l'intention d'assurer l'observation de la loi française applicable par hypothèse quand la loi étrangère exclurait l'héritier français, abstraction faite de toute question de nationalité.

La jurisprudence décide généralement que le prélèvement aura lieu dans tous les cas où, pour une raison quelconque, directement par l'effet de la loi étrangère ou par suite d'une disposition testamentaire de l'homme autorisée par la loi étrangère, alors qu'elle ne l'est pas par la loi française, le Français ne sera pas appelé par la loi étrangère à recueillir sur les biens situés à l'étranger une part égale à celle que lui attribue la loi française.

Signalons quelques applications de ce système ; il y aura lieu à prélèvement :

Au profit du Français complètement exhérédé par son père domicilié en Angleterre (la loi anglaise applicable à la succession mobilière du père n'accordant pas de réserve dans l'espèce). Trib. Seine, 14 mai 1835 et Paris, 1 février 1836, S. 36, II, 173 (1).

Au profit du légataire universel français d'un Suisse domicilié en Suisse, décédé laissant des frères et sœurs qui exercent sur les meubles situés en Suisse la réserve à eux reconnue par la loi suisse (canton des Grisons) (2).

Au profit de la Française exclue à l'étranger en raison de son sexe (3).

Au profit de l'enfant naturel exclu à raison du vice de sa naissance (4).

Au profit de l'héritier français exhérédé pour la totalité de la succession par un mineur auquel la loi étrangère permettait cette disposition (5).

Mais il faudra que l'héritier français soit exclu par un cohéritier exerçant un droit successoral, et non pas seulement un droit contractuel ou un droit de copropriété, comme le ferait la femme mariée sous un régime matrimonial étranger qui lui accorde un douaire (6). Enfin l'exclusion devra diminuer la faculté même de recevoir du Français; il ne suffira pas que le droit du

(1) Voir aussi: Douai, 28 avril 1874, S. 74, II, 195. — Trib. Lyon, 19 nov. 1880, *Journ. dr. int. pr.*, 1882, p. 419.

(2) En ce sens : Poitiers, 4 juillet 1887, S. 88, II, 193. — *Contra* : Cass. 11 fév. 1890, S. 91, 1, 109. — Voir aussi note de Lucas et Weiss, *Pand, fr.*, 1890, V, 9.

(3) Cass. 18 juillet 1859, S. 59, 1, 822.

(4) Paris, 14 juillet 1871, S. 71, II, 141.

(5) Cass. 29 déc. 1856, S. 57, I, 257.

(6) Paris, 6 janvier 1862, S. 62, II, 338.

Français, reconnu par la loi française, ne le soit pas par la loi étrangère à raison d'une nullité de forme, comme si par exemple le Français invoque une donation considérée comme valable en la forme en France et nulle à l'étranger (1).

II

Par quels héritiers et contre quels héritiers peut être exercé le prélèvement ?

D'après les termes formels de la loi de 1819, l'héritier français seul peut exercer le prélèvement ; l'héritier étranger seul peut être assujetti au prélèvement. — Ce texte de la loi de 1819 apportant une exception aux règles de droit commun doit être interprété restrictivement ; nous en concluerons que le prélèvement n'aura jamais lieu qu'au profit d'un Français à l'encontre d'un étranger.

Cette interprétation est loin d'être acceptée d'une façon générale.

Quelques auteurs ont soutenu que le prélèvement pourrait avoir lieu même dans l'hypothèse où tous les cohéritiers seraient Français. Par exemple, un Italien meurt, laissant un immeuble valant 100 en France et un immeuble valant 100 en Italie. Ses héritiers sont son père et son frère, tous deux Français, qui seront appelés pour portions égales par la loi italienne sur l'immeuble situé en Italie. Le frère, dit-on, pourra prendre

(1) Grenoble, 25 août 1848, S. 49, II, 257. — Cass. 27 août 1850, D. 50, I, 257.

à lui seul l'immeuble situé en France, puisque le père a déjà recueilli sur l'immeuble italien une valeur de 50, c'est-à-dire le quart de la succession, part que lui attribue la loi française.

Cette solution, dit-on, est commandée par l'esprit de la loi de 1819, qui a en vue de sanctionner le principe d'égalité des partages.

La jurisprudence a adopté unanimement ce système (1).

Quelle est en somme la portée exacte du principe de l'égalité des partages qu'invoque la jurisprudence ? Ce principe signifie que dans une succession régie par la loi française, l'ordre successoral établi par le Code civil doit être maintenu. Il n'exige nullement que dans une succession régie en principe par la loi étrangère — comme l'est, dans l'exemple cité plus haut, la succession de l'immeuble italien — la dévolution établie par la loi française soit respectée.

Comme on l'a fait très justement remarquer, l'argument de l'égalité des partages invoqué par la jurisprudence aboutit à dire que l'ordre successoral adopté par le Code civil est d'ordre public international, et à écarter l'application de toute loi étrangère en France, ce qui est inadmissible.

Enfin, le système de la jurisprudence se heurte au texte même de la loi de 1819 qui doit être interprété restrictivement, comme nous l'avons vu ; il est surtout

(1) Toulouse, 7 déc. 1863, S. 64, II, 241. — Cass. 27 avril 1868, D, 68, 1, 302. — Dijon, 18 janvier 1872, S. 72, II, III. — Trib. Bordeaux, 29 nov. 1882, *Journ. dr. int.*, 1883, p. 297. — Pau, 26 juin 1893, *Journ. dr. int.*, 1895, 1083. — Trib. Nancy, 4 mars 1896, *Journ. dr. int.*, 1896, p. 638.

contraire au but même de cette loi qui est de protéger les Français contre les étrangers. Or, ici, le Français sera dépouillé par un autre Français; ce n'est pas le cas que prévoit la loi de 1819. Les travaux préparatoires le montrent bien. Nous y lisons, en effet :

« Si on n'avait pas songé, dans l'ancien droit, à obvier aux inégalités résultant de la différence des coutumes, c'est parce qu'un Français gagnait ce que l'autre perdait, tandis qu'on ne peut pas avoir la même indifférence pour les avantages d'un étranger sur un Français. » (Locré, t. X, p. 103).

Enfin, suivant l'observation de M. Renault, le Français puise sa capacité de succéder dans le Code civil seul : c'est le Code civil seul qu'il faut appliquer quand tous les cohéritiers sont Français. L'article 2 de la loi du 14 juillet 1819 n'est relatif qu'au cas où l'un des cohéritiers est appelé à la succession par l'article 1 de la loi de 1819 (1).

Il est évident, pour les mêmes motifs tirés du texte et de l'esprit de la loi destinée à protéger les Français, non les étrangers, que le prélèvement ne pourra s'opérer quand tous les cohéritiers seront étrangers (2). Ce cas a d'ailleurs été formellement prévu dans l'exposé des motifs de la loi de 1819 : « L'abolition du droit d'aubaine aura tout son effet quand il n'y aura que des héritiers étrangers. » (Locré, X, 568).

(1) En ce sens : Renault, *Journ. dr. int.*, 1876, p. 20. — Weiss, *l. c.*, p. 410. — Champcommunal, *l. c.*, p. 605. *Contra* : B. Lacantinerie et Wahl, I, 142.

(2) En ce sens : Weiss, *l. c.*, p. 409. — Renault, id., p. 19. — B. Lacantinerie et Wahl, I, 146. — Champcommunal, p. 601. — Cass. 29 juin 1863, S. 63, 1, 393.

Le prélèvement pourra-t-il être exercé par l'étranger domicilié en France avec l'autorisation du gouvernement? Nous ne le pensons pas (1); en effet, le prélèvement a été institué pour compenser au profit du Français l'exclusion dont ce Français est frappé par la loi étrangère en sa qualité de Français. L'étranger admis à domicile en France garde sa nationalité étrangère; il ne pourra donc pas être exclu par la loi étrangère en sa qualité de Français et le prélèvement n'a dès lors aucune raison d'être. « Le refus du prélèvement s'explique par cette idée que le prélèvement constitue un privilège exclusivement attaché à la nationalité française, privilège auquel dès lors les étrangers ne peuvent prétendre par cela seul qu'ils sont admis à domicile. » (Aubry et Rau, VI, § 592, n. 10).

On objecte dans l'opinion contraire (2) que l'article 13 du C. civ. appelle les étrangers admis à domicile à la jouissance de tous les droits civils sans exception, assimile en un mot ces étrangers aux Français, au point de vue civil. Pour que le droit d'exercer le prélèvement fût excepté, conclut-on, il faudrait un texte formel de loi qui n'existe pas.

Nous pensons justement que ce texte existe : c'est l'article 2 de la loi de 1819 lui-même ; créant une institution nouvelle, le prélèvement, il ne l'a établie qu'au profit du Français ; il a donc implicitement exclu du bénéfice de ce droit l'étranger admis à domicile. Evidemment cette restriction à la portée générale de l'article 13, n'est pas formulée littéralement par la loi de

(1) B. Lacantinerie et Wahl, I, 146. — Champcommunal, p. 602.
(2) En ce sens : Weiss, *l. c.*, p. 113. — Renault, *l. c.*, p. 19.

1819 ; mais elle nous est imposée par les motifs mêmes de la loi.

III

Comment se calcule et sur quels biens s'opère le prélèvement.

Le montant du prélèvement se calculera pratiquement de la façon suivante : on formera fictivement une masse unique de tous les biens dépendant de la succession, de quelque nature qu'ils soient et en quelques lieux qu'ils soient situés. On établira sur cette masse le montant des droits de l'héritier tels qu'ils sont fixés par la loi française ; supposons égal à 100 le montant de ces droits. On calculera d'autre part la somme qu'obtient l'héritier à la fois sur les biens français et étrangers par suite de l'application respective des lois française et étrangère, soit 80 cette somme.

Le montant du prélèvement sera égal à la différence entre ces deux sommes, soit à 20 (1).

Sur quels biens pourra s'exercer le prélèvement ainsi calculé ? La loi de 1819 répond : « sur les biens situés en France. »

Le prélèvement pourra évidemment avoir lieu sur les immeubles français ; mais pourra-t-il s'opérer aussi sur les meubles matériellement situés en France ? On l'a nié au moins dans le cas où le défunt aurait été domi-

(1) Voir sur ce point : Locré X, p. 526. — Champcommunal, p. 314. Cass. 16 fév. 1842, S. 42, I, 714.

cilié à l'étranger, car, dit-on, les meubles sont alors légalement situés à l'étranger par application de la règle : *mobilia sequuntur personam*.

Mais cette règle semble justement écartée ici par la généralité du texte « biens situés en France ».

Comme on l'a dit, « l'esprit de la loi de 1819 est de permettre aux héritiers lésés de compenser leur préjudice au moyen d'un prélèvement sur tous les biens soumis à leur atteinte. »

D'ailleurs, M. Champcommunal fait remarquer fort justement que dans l'ancien droit, la maxime *mobilia sequuntur personam* n'empêchait pas que le droit d'aubaine fût exercé sur les meubles laissés en France par un étranger domicilié à l'étranger. Il doit en être de même pour l'exrecice du prélèvement qui n'est en somme qu'un vestige affaibli du droit d'aubaine. Il semble exister une certaine corrélation entre l'art. 1 et l'art. 2 de la loi du 14 juillet 1819, comme nous l'avons montré ; l'étranger étant appelé par l'art. 1 à la succession des meubles réellement situés en France dont il était autrefois exclu, doit subir le prélèvement sur ces mêmes biens mobiliers.

Le prélèvement pourra donc s'exercer à notre avis sur les immeubles français et sur les meubles matériellement situés en France (1).

Nous ferons l'application de cette règle aux créances,

(1) En ce sens : Weiss, *l. c.*, p. 116. — Renault, *l. c.*, p. 17. — B. Lacantinerie et Wahl, I, 148. — Champcommunal, p. 608. — Paris, 1 fév. 1836, S. 36, II, 173. — Cass. 27 août 1850, D. 50, I, 257. — Cass. 21 mars 1855, D. 55, I, 137. — Cass. 29 déc. 1856, S. 57, I, 257. — Paris, 14 juill. 1871, S. 71, II, 141. — Chambéry, 11 juin 1878, *Journ. dr. int.*, 1878, 611. — Cass. 10 mai 1879, S. 81, I, 465. Poitiers, 14 juillet 1887 précité.

et, suivant la doctrine générale, nous les soumettrons au prélèvement quand le débiteur sera domicilié en France (1).

Réciproquement, nous exclurons du prélèvement les créances dont le débiteur serait domicilié à l'étranger (2). Un arrêt de la Cour de cassation du 21 mars 1855 (S. 55, 1, 273) a cependant décidé que même dans ce cas le prélèvement pourrait s'effectuer sur ces créances si les titres les constatant étaient matériellement situés en France. Remarquons que cette jurisprudence, que nous réprouvons quant à son fondement, ne sera véritablement utile à l'héritier prélevant que si la loi du domicile du débiteur admet l'exercice du prélèvement. La Cour de cassation le reconnaît bien d'ailleurs quand elle dit que le droit des Tribunaux français se borne « à déclarer que telles créances sont la propriété de l'héritier et ordonner la remise des titres entre ses mains pour les faire valoir ainsi qu'il avisera ».

La jurisprudence se basant sur la situation matérielle des titres pour soumettre les créances au prélèvement ne pourrait se justifier que relativement aux valeurs au porteur qu'on traite généralement à juste titre comme des meubles corporels.

Un avis inséré au *Moniteur* du 7 janvier 1820 déclare les rentes sur l'état français exemptes du prélèvement à raison de leur insaisissabilité.

On admet unanimement que le prélèvement ne pourra s'exercer que sur la part des héritiers qui auront profité de l'exclusion du Français à l'étranger.

(1) En ce sens : Renault, *l. c.*, p. 17. — Champcommunal, p. 612. — *Contra* : Aubry et Rau, VI, p. 280.

(2) En ce sens : Cass. 27 août 1850, préc.

Il y a pour cela un motif d'équité conforme à l'esprit de la loi de 1819. La Cour de cassation a statué én ce sens le 27 août 1850 (arrêt précité) parce que : « la volonté de maintenir l'égalité entre les cohéritiers nonobstant les législations étrangères n'est pas compatible avec un prélèvement qui s'opérerait sur la part de ceux des cohéritiers étrangers qui ne reçoivent, en vertu des lois de leur pays, qu'une part moindre que celle que la loi française leur attribuait (1) ».

Enfin le prélèvement ne s'exercera jamais que sur les biens successoraux situés en France, fussent-ils insuffisants pour compenser le préjudice résultant de l'exclusion du Français à l'étranger, non sur les biens personnels de l'héritier. Le prélèvement n'est en somme qu'une dérogation aux règles ordinaires du partage ; la loi de 1819 n'a nullement créé à la charge de l'héritier avantagé à l'étranger une obligation d'indemniser l'héritier exclu et cet héritier, n'ayant commis aucune faute en profitant des avantages que lui accorde la loi étrangère, ne tombe pas sous l'application de l'article 1382 du Code civil (2).

IV

Des traités qui abrogent le prélèvement.

Il est tout un groupe de traités qui n'abrogent certainement pas l'article 2 de la loi de 1819 ; ce sont les

(1) En ce sens: Aubry et Rau VI, p. 280. — Champcommunal, p. 619. — Cass. 29 juin 1863, S. 63, I, 393. — Cass. 20 mai 1879, S. 81, I, 465.

(2) En ce sens : Weiss, p. 116. — Champcommunal, p. 614.

traités qui se bornent à abolir le droit d'aubaine et se réfèrent à la législation existant dans les états contractants (1).

Mais un grand nombre de traités conclus par la France avec d'autres puissances stipulent la successibilité réciproque des nationaux des états contractants.

C'est ainsi que le traité franco-autrichien du 11 décembre 1866, art. 1, porte : « Les sujets des deux hautes parties contractantes seront habiles à recevoir de la même manière que les nationaux les biens situés dans l'autre pays qui leur seraient dévolus par succession *ab intestat* ». On trouve des clauses analogues dans les traités conclus par la France notamment avec le Brésil (10 décembre 1860 et 21 juillet 1866), le Chili (17 septembre 1846), la Bolivie (9 décembre 1834), l'Espagne (18 mars 1862), la Grèce (7 janvier 1876), l'Italie (26 janvier 1862), le Mexique (25 avril 1888), le Pérou (9 mars 1861), la Perse (12 juillet 1855), le Portugal (11 juillet 1866), la Russie (1 avril 1874), la Serbie (18 janvier 1883), les Etats-Unis (23 février 1853).

Lorsqu'un traité stipule ainsi la successibilité réciproque, doit-on considérer l'article 2 de la loi de 1819 comme abrogé ?

Supposons en premier lieu que le traité soit antérieur à la loi de 1819 ; ce traité n'a évidemment pas pu prévoir et écarter le prélèvement ; mais il a établi d'une façon définitive la situation des sujets des deux puissances contractantes et leur a donné le droit de succéder sans restriction. Une loi promulguée ultérieurement dans l'un des Etats n'a pu modifier cette situa-

(1) En ce sens : Renault, *l. c.*, p. 19.

tion résultant d'une convention, pas plus qu'en droit interne les rapports contractuels formés entre deux parties ne peuvent être modifiés par la volonté d'une seule des parties.

Supposons au contraire que le traité soit postérieur à la loi de 1819 ; il n'a pu avoir pour but d'abolir le droit d'aubaine déjà abrogé ; ses dispositions ne peuvent donc rationnellement être considérées que comme destinées à écarter le prélèvement.

Toute clause ambiguë d'un traité ou d'un contrat doit être interprétée en effet plutôt de la façon qui lui donne un sens déterminé que de la façon qui ne lui en donne aucun. Or, ce n'est pas donner véritablement un sens à ces clauses que de prétendre qu'elles sont relatives à l'abolition du droit d'aubaine ou que leur introduction s'explique par une habitude qu'auraient les rédacteurs des traités de copier aveuglément les dispositions des traités antérieurs.

Nous pensons donc que les traités stipulant la successibilité réciproque des nationaux abrogent l'article 2 de la loi de 1819 (1).

La convention franco-suisse du 15 juin 1869 a-t-elle aboli le prélèvement ? La Cour de cassation a statué affirmativement dans un arrêt du 11 février 1890. S. 91, 1, 109. Elle se base principalement sur l'article 5 du traité de 1869 ainsi conçu :

« Si dans le cas de partage de successions auxquelles les étrangers sont appelés concurremment avec les nationaux, la législation de l'un des deux pays accorde à

(1) En ce sens : Renault, *loc. cit.*, p. 18. — Weiss, p. 120. — Champcommunal, p. 634. — *Contra* : B. Lacantinerie et Wahl, I, 153. — Trib. de Vervins, 19 mars 1891, *Journ. dr. int. pr.*, 1895, p. 391.

ses nationaux des droits et avantages particuliers sur les biens situés dans ce pays, les ressortissants de l'autre pays pourront, dans les cas analogues, revendiquer de même les droits et avantages accordés par la législation de l'État auquel ils appartiennent. »

En réalité, il résulte du protocole annexé à cet article 5 que cette convention n'a pas du tout pour but d'écarter le prélèvement ; au contraire, l'article 5 est destiné à autoriser les Suisses à invoquer chez eux, dans le cas de partage d'une même succession entre Français et Suisses, les droits analogues au prélèvement institué par la loi de 1819 qui leur seraient reconnus par la loi suisse à l'encontre de nos nationaux, et réciproquement.

Il y a donc bien plutôt là la consécration du prélèvement que son abrogation (1). La Cour de cassation elle-même avait d'ailleurs interprété en ce sens le traité franco-suisse de 1828 que reproduit littéralement à cet égard le traité de 1869 (Cass. 18 juillet 1859, S. 59, I, 822).

Telle étant la portée générale de l'article 2 de la loi du 14 juillet 1819, nous devons en conclure que les principes relatifs aux conflits de lois successorales posés dans nos deux premières parties subiront des restrictions toutes les fois que, dans une succession comprenant des biens situés en France et à l'étranger et dévolue conjointement à des héritiers français et étrangers, un héritier français, par suite d'une exclusion prononcée contre lui par la loi étrangère en raison de sa seule extranéité, recueillera sur les biens situés à l'étranger

(1) En ce sens : Weiss, p. 122. — B. Lacantinerie et Wahl, I, 155. — Champcommunal, p. 628.

une part moindre que la part à lui attribuée par la loi successorale, abstraction faite de toute question de nationalité.

Notons que les cas d'exception aux règles de droit commun relatives aux conflits de lois seront bien plus nombreux si on admet l'opinion générale suivant laquelle l'article 2 de la loi de 1819 serait applicable même au cas où tous les cohéritiers sont français, et quand bien même l'exclusion du français ne serait pas prononcée par la loi étrangère à raison de sa nationalité.

CHAPITRE II

TRAITÉS

Des traités internationaux modifient les règles de droit commun que nous avons posées dans nos deux premières parties à trois points de vue différents : relativement à la détermination de la loi successorale, à la compétence des Tribunaux et à l'intervention des consuls dans la liquidation des successions de leurs nationaux.

Nous réunirons dans un premier paragraphe les traités relatifs à la détermination de la loi successorale et à la compétence des Tribunaux ; un second paragraphe sera consacré à l'étude des traités réglant les conditions d'intervention des consuls.

I

La France a conclu, relativement à la détermination de la loi successorale et à la compétence judiciaire, des traités avec l'Autriche (11 décembre 1866 et 18 février 1884), la Russie (1 avril 1874), la République Dominicaine (9 septembre 1882), la Serbie (18 juillet 1883), le Mexique (27 novembre 1885) et l'Equateur (12 mai 1888).

Ces traités contiennent tous une clause commune ainsi conçue : « La succession aux biens immobiliers sera régie par les lois du pays dans lequel les immeubles sont situés et la connaissance de toute demande ou contestation concernant les successions immobilières appartiendra exclusivement aux Tribunaux de ce pays. Les réclamations relatives aux successions mobilières et aux droits de succession sur les effets mobiliers laissés dans l'un des deux pays par les sujets de l'autre pays, soit qu'à l'époque de leur décès ils y fussent établis, soit qu'ils y fussent simplement de passage, seront jugés par les Tribunaux et les autorités compétentes de l'Etat auquel appartenait le défunt et conformément aux lois de cet Etat. »

Ainsi donc la succession immobilière des sujets des Etats contractants sera régie par la *lex rei sitœ* et la succession mobilière par la loi nationale du défunt.

Il est regrettable que ces traités n'aient pas consacré le principe d'unité de succession etaient au contraire admis l'existence de plusieurs successions concurrentes, système dont nous avons souvent relevé les inconvénients.

Comme le fait remarquer M. Champcommunal, ces traités adoptent en fait le système de la jurisprudence française ; car, en pratique, le nombre des étrangers admis à domicile conformément à l'article 13 du Code civil est très restreint, et par suite, les Tribunaux appliqueront le plus souvent en fait à la succession mobilière la loi nationale du *de cujus* qui aura généralement conservé son domicile légal dans sa patrie.

Conformément à ces traités, la connaissance des

actions successorales appartiendra aux Tribunaux des Etats dont la loi sera applicable ; ce système fait espérer une plus exacte interprétation de la loi.

Le traité franco-russe du 1 avril 1874 admet en principe les mêmes règles que les traités rappelés ci-dessus ; mais il apporte dans un cas particulier une importante modification à ces règles. Nous lisons en effet, à la suite de la clause commune à tous les traités précités, la restriction suivante : « à moins qu'un sujet du pays où la succession est ouverte n'ait des droits à la dite succession. Dans ce dernier cas l'examen de cette réclamation sera déféré aux Tribunaux ou autorités compétentes du pays où la succession est ouverte, qui statueront conformément à la législation de ce pays, sur la validité des prétentions du réclamant et, s'il y a lieu, sur la quote part qui lui est attribuée ».

Cette modification, suivant M. Champcommunal, s'expliquerait par une transaction entre le système français appliquant la loi personnelle du *de cujus* à la succession mobilière et le système de la loi russe appliquant la loi territoriale à la même succession.

Les traités conclus entre la France et l'Espagne sont-ils relatifs à la détermination de la loi successorale et à la compétence des tribunaux ? Nous ne le pensons pas quoi qu'on l'ait soutenu parfois.

En effet, les articles 20 et 21 de la convention franco-espagnole du 7 janvier 1862 se bornent à déterminer les pouvoirs des consuls : nous y reviendrons dans notre paragraphe suivant. Quant à l'article 5 du traité du 6 février 1882, qu'on a également invoqué, il n'est relatif qu'à la capacité successorale, non au conflit de lois : en présence des dispositions formelles de ce texte, on s'étonne même qu'un doute ait pu s'élever à cet égard (1).

L'article 5 du traité franco-suisse du 15 juin 1869 est ainsi conçu :

« Toute action relative à la liquidation et au partage d'une succession testamentaire ou *ab intestat*, aux comptes à faire entre les héritiers et légataires sera portée devant le tribunal de l'ouverture de la succession, c'est à-dire s'il s'agit de Français mort en Suisse, devant le tribunal de son dernier domicile en France, et s'il s'agit d'un Suisse décédé en France devant le tribunal de son lieu d'origine en Suisse. Toutefois, on devra pour le partage, la licitation ou la vente des immeubles, se conformer aux lois du pays de la situation ».

Cet article a soulevé de nombreuses controverses : nous nous demanderons successivement quelle solution il apporte au conflit des lois, comment il règle la compétence judiciaire, et enfin à quelles conditions sont subordonnées les différentes règles qu'il contient.

Ce texte littéralement interprété semble ne concerner que la compétence des tribunaux ; il faut cependant en réalité lui reconnaître une portée plus large et nous croyons qu'il résulte de cet article que la dévolution de la succession mobilière devra s'opérer conformément à

(1) En ce sens : Champcommunal, *l. c.* — Pic, note D. 92, 1, 497. — Paris, 31 déc. 1889, *Journ. dr. int.*, 1880, p. 121. — Cass. 26 janv. 1892, D. 92, 1, 497.

la loi nationale du défunt et celle de la succession immobilière conformément à la *lex rei sitæ* (1).

En premier lieu, la succession mobilière sera dévolue suivant la loi nationale du défunt : cette interprétation est tout d'abord rendue vraisemblable par ce fait qu'en général deux Etats contractants ne posent dans un traité des règles de compétence que pour attribuer à chaque tribunal les litiges dans lesquels la loi du pays de ce tribunal est applicable, et, par là, assurer une meilleure application de la loi.

Mais elle nous paraît surtout imposée par les discussions auxquelles donna lieu l'élaboration du traité de 1869 : le gouvernement suisse rendit compte de ces discussions par un message dans lequel il est dit : « Il est convenu que le juge compétent appliquera toujours sa propre loi. Les délégués français ont refusé de le mentionner dans le traité parce que cela se comprend de soi. Ils ont déclaré catégoriquement qu'il ne pouvait exister aucun doute à cet égard ».

La fin de l'article cité relative aux successions immobilières peut être interprétée de deux façons différentes. On peut croire tout d'abord qu'elle règle seulement les formalités de procédure destinées à répartir les biens entre les héritiers ; il en résulterait que la règle sur le conflit de lois posée d'une façon générale dans la première partie du texte devrait s'appliquer à toute la succession : la succession immobilière serait régie, comme la succession mobilière, par la loi nationale du défunt.

En réalité l'article 5 *in fine* consacre une solution

(1) En ce sens : Cass. 11 février 1890, S. 91, 1, 109. *Pand. fr.* 90, 1, 106.

différente ; il déclare la *lex rei sitæ*, applicable non seulement aux formalités de procédure du partage, mais même aux règles de fond, en un mot à la dévolution des immeubles. L'article 5 fut en effet rédigé en ce sens par les auteurs du traité ainsi que le déclare le message du conseil fédéral déjà cité : « Le gouvernement français ayant adhéré à la jurisprudence française qui distingue la succession mobilière et la succession immobilière et déclare qu'il ne pouvait appliquer aux immeubles situés en France aucune législation étrangère, il n'eût guère été possible d'arriver à un arrangement sur une autre base que celle de la réciprocité de sorte qu'en Suisse, pour le partage des immeubles faisant partie de la succession, il faut se conformer aux lois du canton dans lequel les immeubles sont situés. »

Relativement à la compétence judiciaire, l'article 5 du traité décide que toute contestation sur la succession mobilière sera soumise au tribunal du lieu de l'ouverture de la succession qu'il définit successivement pour le Français et pour le Suisse ; et toute contestation sur la succession immobilière au tribunal de la situation des immeubles litigieux.

Certains auteurs ont cependant soutenu que le tribunal du lieu de l'ouverture de la succession serait compétent dans tous les cas : l'exception posée par l'article 5 n'est en effet relative, disent-ils, qu'aux règles de fond et aux formalités du partage, non à la compétence générale fixée au début de l'article.

Nous ne pouvons admettre cette solution qui conduirait à faire appliquer au Tribunal du lieu de l'ouverture de la succession les lois de la situation des immeubles, c'est-à-dire des lois étrangères. Or, les auteurs du traité ont voulu avant tout, comme nous l'avons déjà montré, « faire toujours appliquer au juge compétent sa propre loi ».

Les règles de compétence ainsi établies ne s'appliqueront qu'aux « actions relatives à la liquidation et au partage des successions testamentaires et *ab intestat*, et aux comptes à faire entre les héritiers et légataires ». Cette formule doit être évidemment interprétée restrictivement (1). Elle embrasse certainement les recours en garantie entre cohéritiers, les demandes en délivrance de legs, les pétitions d'hérédité, les actions tendant à faire ordonner certaines mesures d'administration durant l'indivision (2).

Mais les actions ne présentant pas nettement les caractères indiqués par le traité, notamment les actions intentées par les créanciers contre les héritiers à raison de dettes héréditaires, (3) ne pourront être soumises aux tribunaux déclarés compétents par l'article 5. Elles rentreront en général dans les cas prévus par l'article 1 du traité qui attribue, en principe et sauf certaines distinctions auxquelles nous n'avons pas à nous arrêter ici, au tribunal du défendeur la connaissance des actions mobilières et personnelles.

La jurisprudence française (4) a décidé dans une af-

(1) Voir à cet égard : B. Lacantinerie et Wahl, II, p. 529. — Champcommunal, p. 651 et s.

(2) En ce sens : Lyon, 31 mars 1889, *Journ. dr. int. pr.*, 1889, p. 673.

(3) En ce sens : Cass. 11 juin 1879, *Journ. dr. int.*, 1880, p. 106. — Lyon, 26 avril 1879. *Jurispr. de Lyon*. 1879, p. 273. — Et la jurisprudence suisse en général.

(4) Trib. Seine, 8 déc. 1891. *Rev. pr. int. pr.*, 1892, I, 69 et II, 95. — Paris, 19 juin 1894, *Journ. dr. int.* 1894, p. 1032. — Cass. 1 juillet 1895, *Journ. dr. int.*, 1895, p. 1084.

faire célèbre, l'affaire de la succession du duc de Brunswick, que l'action intentée par des héritiers naturels contre un légataire universel et tendant à faire annuler le legs universel et restituer la succession aux héritiers n'était pas une des actions purement personsonnelles que prévoit l'article 1 du traité de 1869. Nous verrions plutôt dans cette contestation une des actions prévues par l'article 5 ; il s'agit bien effet « d'une action relative au partage de succession entre héritiers et légataires », et si, d'autre part, les conditions auxquelles est subordonnée l'application des règles de compétence posées par le traité de 1869 se trouvaient réunies, nous n'hésiterions pas à attribuer aux tribunaux fixés par l'article 5 du traité la connaissance de cette action ».

La jurisprudence déclare d'ordre public la compétence établie par le traité de 1869 « dans l'intérêt même des Etats qui ont avantage à ce que la fortune de leurs nationaux soit distribuée à leur décès d'après leurs règles nationales ». L'incompétence pourra donc être opposée en tout état de cause et au besoin déclarée d'office par le tribunal (1).

A quelles conditions sera subordonnée l'application de l'article 5 du traité ? Le texte prévoit l'hypothèse où il s'agit, soit de la succession du Français décédé en Suisse où il avait son domicile, soit de la succession du Suisse décédé en France où il avait son domicile.

(1) En ce sens : Lyon, 5 juin 1886, *Journ. dr. int.*, 1887, p. 337. — Trib. Seine, 12 déc. 1889, *Journ. dr. int.*, 1890, p. 319. — Paris, 30 juill. 1890, *Journ. dr. int.*, 1895, 846. — Trib. Alger, 19 juin 1897, *Journ. dr. int.*, 1898, p. 571.

Cette signification du texte résulte des travaux préparatoires du traité ; elle est impliquée d'ailleurs par la formule employée ; l'article 5, en parlant du « dernier domicile » du Français en France, et du « lieu d'origine » en Suisse du sujet suisse semble bien supposer que le *de cujus* n'avait pas conservé son domicile dans son pays d'origine.

Dans ce cas donc, les règles posées par le traité s'appliqueront sans difficulté. Mais devra-t-il en être de même si le Français décède en Suisse, tout en ayant conservé son domicile en France, ou, réciproquement, si le Suisse domicilié en Suisse décède en France ?

Certains auteurs l'ont nié, disant qu'on n'était plus alors dans le cas de l'exception introduite par le traité, exception qui doit être interprétée restrictivement (1).

Il nous semble au contraire que si les auteurs du traité ont voulu soumettre la dévolution de la successien mobilière à la loi nationale du *de cujus* et la compétence sur cette succession aux Tribunaux de son pays d'origine, quand le défunt n'avait plus son domicile dans son pays d'origine, il doit en être de même *a fortiori* dans le cas où le défunt aura conservé son domicile dans sa patrie. Evidemment ce dernier cas n'est pas prévu expressément par le traité ; mais la solution que nous proposons nous semble rationnellement impliquée par la solution que le traité adopte dans l'hypothèse sur laquelle il statue (2).

De même, aucune distinction n'étant faite à cet égard,

(1) En ce sens : B. Lacantinerie et Wahl, II, 527. — Trib. fédéral suisse, 27 octobre 1888, S. 89, IV, 15.

(2) En ce sens : Champcommunal, p. 651. — Dijon, 3 mars 1888. *Le Droit* du 7 septembre. — Chambéry, 5 février 1889, S. 89, II, 101.

le traité s'appliquera en quelque lieu que soient situés les biens héréditaires et quand même tous les héritiers laissés par le Français seraient Suisses ou tous les héritiers laissés par le Suisse seraient Français (1).

Nous considérerons au contraire le traité comme inapplicable (la situation n'ayant plus alors aucun rapport avec l'hypothèse du traité), dans le cas où le *de cujus* sera mort sur le territoire d'un autre Etat que la France ou la Suisse, dans le cas où le *de cujus* ne sera ni sujet Français ni sujet suisse (2) ; dans le cas enfin où le *de cujus* aurait acquis en France un domicile autorisé, c'est-à-dire une sorte de demi-naturalisation (3).

II

Nous avons, dans notre deuxième partie, déterminé quels étaient, de droit commun et abstraction faite de tout traité, les pouvoirs des consuls dans la liquidation des successions de leurs nationaux.

Plusieurs traités ont réglé d'une façon spéciale les conditions d'intervention des consuls.

La convention franco-italienne du 26 juillet 1862 donne aux consuls des deux nations contractantes le pouvoir d'administrer et liquider la succession de leur national décédé sur le territoire de la nation étrangère sans laisser de testament, sans avoir nommé d'exécuteur testamentaire ou si les héritiers et exécuteur testa-

(1) *Contra* : Rennes, 24 mars 1890, *Journ. dr. int. pr.*, 1891, p. 563.

(2) En ce sens : B. Lacantinerie et Wahl, II, 528.

(3) En ce sens : Champcommunal, p. 654. *Contra* : B. Lacantinerie et Wahl, II, 528.

mentaire sont absents du lieu de l'ouverture de la succession.

Suivant un jugement du Tribunal de la Seine du 25 juillet 1889 (*Journ. de dr. int. pr.*, 1890, p. 321), les Tribunaux français devront même se déclarer d'office incompétents dans les cas où le consul italien a ainsi le droit d'intervenir.

Une ordonnance de référé du Président du Tribunal de la Seine du 8 mars 1898 (*Journ. dr. int. pr.*, 1898, p. 1106) a même décidé que le consul italien pourrait exercer les pouvoirs que lui confère le traité dans la succession d'un Italien ouverte en France, s'il existe un seul héritier italien, alors même que tous les héritiers français demanderaient qu'il fût procédé à l'inventaire et au partage par un notaire français.

Les consuls de France en Espagne et les consuls d'Espagne en France pourront, aux termes de la convention du 7 janvier 1862, inventorier, administrer et liquider la succession de leurs nationaux quand le défunt « sera mort sans faire de testament ni nommer d'exécuteur testamentaire, ou si les héritiers soit naturels, soit désignés par le testament étaient mineurs, incapables ou absents, ou si les exécuteurs testamentaires nommés ne se trouvaient pas dans le lieu où s'ouvre la succession (1) ».

Mais jamais les consuls ne pourront, en vertu de la

(1) Voir sur la convention franco-espagnole : Cass. 7 juillet 1874, S. 75, I, 19. — Paris, 1 mars 1872, *Journ. dr. int.*, 1874, 31. Trib. Seine, 19 juillet 1879, *Journ. dr. int.*, 1879, 551. Trib. Seine, 21 mai 1881, *Journ. dr. int.*, 1882, 214. — Bordeaux, 17 juill. 1895, *Journ. dr. int. pr.*, 1897, 164. — Cass. 9 fév. 1897, *Journ. dr. int.*, 1897, p. 370.

convention franco-espagnole, et d'après la jurisprudence générale, procéder au partage de la succession et surtout trancher les difficultés relatives à ce partage (1).

Aux termes de la convention franco-autrichienne du 11 décembre 1866, les consuls de ces deux nations pourront saisir la succession mobilière de leur national. Ils n'auront naturellement ce pouvoir que si au moins un des héritiers est leur national (2).

Enfin, si tous les héritiers sont sujets de l'Etat que représente le consul, ce dernier pourra procéder lui-même au partage. Sinon, il ne pourra qu'intervenir aux opérations du partage qui auront lieu suivant le droit commun.

La convention franco-russe des 1 avril et 17 juin 1874 règle minutieusement les pouvoirs des consuls; le consul est considéré comme mandataire nécessaire des héritiers de sa nation dans la succession de l'un de ses nationaux. C'est donc le consul seul qui procédera à l'inventaire et conservera les valeurs, titres et papiers de la succession : les héritiers ne pourront pas exiger le dépôt des titres et valeurs entre les mains d'un tiers comme séquestre.

Suivant certains arrêts, les héritiers ne pourront pas assister à l'inventaire. Le défunt ne pourra même pas, par une disposition expresse affranchir ses héritiers de cette main-mise générale du consul.

(1) Paris, 31 décembre 1889, S. 91, II, 186.

(2) En ce sens : ordr. Prés. Trib. Seine, Référés, 7 juin 1890, *Journ. dr. int. pr.*, 1890, p. 586.

Ces principes ont reçu leur application notamment dans une espèce intéressante et qui a attiré l'attention générale: un sujet russe était décédé à Paris et l'ambassade russe, le pensant affilié au parti nihiliste et espérant trouver dans ses papiers d'utiles renseignements, exerça les droits de séquestre que lui confère le traité, malgré les réclamations des héritiers. Ces derniers ne purent même pas retirer des mains du consul russe une enveloppe cachetée portant cette mention « lettres à brûler » (1)

Un traité du 10 décembre 1860 régit les droits des consuls de France au Brésil et des consuls du Brésil en France. Une ordonnance du président du tribunal de la Seine du 20 juillet 1876 (*Journ. dr. int. pr.* p. 186, 1876) a fixé les droits des créanciers héréditaires dans les opérations auxquelles procèdent ces consuls.

La France a conclu des conventions relatives aux pouvoirs des consuls en matière de succession avec les Etats suivants : Chili ; Costa-Rica ; République Dominicaine ; Equateur ; Guatémala ; Honduras ; Mascate ; Nicaragua ; Pérou ; Perse ; Portugal ; Iles Sandwich ; Siam ;

(1) Sur cette affaire, voir : Paris, 1 juin 1393, *Journ. dr. int. pr.*, 1893, p. 1219. — Sur la convention franco-russe en général : Trib. Seine, 24 juin 1893, *Journ. dr. int.*, 1893, 1216. — Ord. référés, Seine, 22 juin 1897, *Journ. dr. int.*, 1897, 1034 (limitant le droit d'intervention du consul au cas où les héritiers sont nationaux de l'Etat qu'il représente). — Cass. 17 juin 1895, *Journ. dr. int.*, 1897, p. 168 (autorisant les héritiers à assister à l'inventaire dressé par le consul). — Paris, 6 janv. 1898, *Journ. dr. int. pr.*, 1898, p. 1108 (réformant l'ordonnance précitée du 22 juin 1897.)

Serbie ; Turquie ; Vénézuéla ; Salvador ; Grèce : Mexique ; Bolivie ; Pays-Bas (1).

En outre, la jurisprudence des Tribunaux des Etats-Unis autorise les consuls français à demander un sursis à la procédure ouverte contre la succession de leurs nationaux, pour rechercher et faire intervenir les héritiers français (2).

Enfin, en vertu des capitulations de 1535, 1569, 1581, 1604, 1673, 1740, les consuls de France pourront en pays musulmans et relativement aux successions de Français, apposer et lever les scellés, dresser inventaire, ordonner les dépôts et séquestres, vendre certains biens, liquider la succession, à l'exclusion absolue de l'autorité locale.

Les contestations entre créanciers héréditaires et héritiers sont seules de la compétence des Tribunaux locaux.

Il faut faire exception aussi, en vertu d'un protocole du 9 juin 1862, pour les successions immobilières, relativement auxquelles les Français seront soumis à la législation et à la juridiction ottomanes (3).

(1) Voir au sujet de ces traités : *Dictionnaire de dr. int. privé*, de Vincent et Penaud. « Succession. »

(2) Voir à cet égard, *Journ. dr. int. priv.*, 1874, p. 258.

(3) Voir sur l'intervention des consuls en général : B. Lacantinerie et Wahl, II, p. 531 et s. — Despagnet, Champcommunal, Antoine (chap. v).

CONCLUSION

Cette brève étude des conflits de lois relatifs aux successions nous a prouvé deux choses : en premier lieu, elle nous a montré que le système admis par la pratique quant à la solution de ces conflits ouvre une large route à toutes les grandes, à toutes les difficultés, conséquences nécessaires d'un point de départ condamné par la raison juridique.

D'autre part, le système de la loi nationale, qui, à notre avis, devrait être considéré actuellement comme le système consacré par le Code civil, nous est apparu comme offrant pour son application pratique les plus grandes facilités; de plus, au point de vue doctrinal, il respecte le principe d'unité de la succession et le principe bien compris de la souveraineté nationale.

Malheureusement, cette théorie, consacrée par les législations italienne et espagnole, est loin de triompher en France, et, pour que son utilité fût véritable, il faudrait qu'elle fût admise par toutes les nations. Peut-être un siècle futur verra-t-il les législations internationales consacrer les règles que commandent à la fois la raison et les nécessités de la pratique. Actuellement, ce n'est là qu'un idéal que nous pouvons désirer, mais que nous n'osons pas encore espérer.

Vu :
Le Président de la Thèse,

André Weiss.

Vu :
Le Doyen,

Glasson :

Vu et permis d'Imprimer :
Le Vice-Recteur de l'Académie de Paris,

GRÉARD.

TABLE DES MATIÈRES

TITRE II

TROISIÈME PARTIE

FIN DE LA TABLE

Saint-Amand (Cher). — Imp. DESTENAY, Bussière frères

www.ingramcontent.com/pod-product-compliance
Ingram Content Group UK Ltd.
Pitfield, Milton Keynes, MK11 3LW, UK
UKHW020320230726
13925UKWH00002B/533

9 782019 276348